Arne Greskowiak

Bessermacher

Arne Greskowiak

Bessermacher

Von Spitzensportlern lernen

Mit Alexander Haubrichs

HERDER

FREIBURG · BASEL · WIEN

www.herder.de

Satz: Zero Soft, Timisoara
Herstellung: GGP Media GmbH, Pößneck

Printed in Germany

ISBN Print 978-3-451-60138-5
ISBN E-Book (EPUB) 978-3-451-83405-9

Inhalt

Vorwort

Als die Schlusssirene in Manila ertönte, gab es kein Halten mehr. Dennis Schröder, Franz Wagner, Daniel Theis & Co. feierten den Triumph bei der Basketball-Weltmeisterschaft – und ich war mittendrin im Trubel. Doch schon wenige Stunden nach diesem Moment des größten Triumphs, den ich als Athletikcoach erleben durfte, gingen meine Gedanken schon wieder nach vorne. Zur nächsten Aufgabe, zum nächsten Training und irgendwann in dieser Zeit auch dahin, das alles zu Papier zu bringen.

Wenn nicht jetzt, wann dann sollte ich meine Erfahrungen aus mehr als zehn Jahren Coaching teilen? Bronze, Silber oder Gold – eine Medaille für Deutschland zu gewinnen, ist ein absoluter Sportlertraum. Und ich war gleich dreimal binnen kürzester Zeit dabei: Nach Bronze bei der Heim-EM 2022 gelang Dennis Schröder & Co. im Sommer 2024 der große Triumph bei der Basketball-WM. Ungeschlagen wurde das Team Weltmeister, ein sensationeller Erfolg.

Zwischen diesen Turnieren durfte ich an der Bande stehen, als Bundestrainer Harold Kreis die deutsche Eishockey-Nationalmannschaft bei der Weltmeisterschaft in Finnland bis ins Finale führte, wo sie erst im Endspiel in Tampere ihren Meister in Kanada fand.

Das waren unvergessliche Momente, und ich bin froh und dankbar, dass ich diese fantastischen Mannschaften und außergewöhnlichen Sportler als Athletiktrainer bei diesen Erfolgen unterstützen durfte. Doch was für mich eigentlich zählt, ist der Weg, den ich zum Ziel gemacht habe, der Prozess, nicht das Ergebnis. Das hat mich glücklicher werden lassen, zufriedener. Und warum das so ist, welchen Weg ich gegangen bin und wie auch du es schaffen kannst, das will ich dir in diesem Buch vermitteln.

Mir macht es am meisten Spaß, wenn ich mich jeden Tag ein wenig weiterentwickeln, ein wenig stärker, schlauer, entspannter –

einfach besser werden kann. Das mag nicht immer gelingen, aber doch versuche ich es und stecke nie auf. Das ist auch der Antrieb bei der Arbeit mit meinen Sportlern. Irgendwann hat mal einer meiner Profis die Frage, warum er Zusatzschichten bei mir schob, mit fünf einfachen Worten beantwortet: „Weil Arne ein Bessermacher ist."

Dieses Lob hat mich mit großem Stolz erfüllt, das war für mich wertvoller als eine Medaille. Denn das ist der Kern meiner Leidenschaft, meine Bestimmung: Ich will Menschen besser machen. Wie das geht? Wie man Sportler auf ein neues Level bringt, Mannschaften reif für Titel macht, Menschen zu einem gesünderen, glücklicheren Ich verhilft? Dem will ich hier auf den Grund gehen.

Ich lasse dabei meine Stationen Revue passieren, und dabei kamen mir viele lehrreiche Begegnungen, jede Menge inspirierende Menschen und prägende Ereignisse in den Sinn, die mich geformt haben und die mich zu dem werden ließen, der ich heute bin. Jemand, dem es gelingt, Menschen besser zu machen. Doch bin ich weit entfernt von perfekt. Ich habe noch eine Menge zu lernen, will mich in vielen Bereichen weiterentwickeln. Aber das ist das Leben! Da gibt es viel zu tun, und das ist gut so! Womit wir schon am ersten Punkt der Dinge angelangt wären, die uns zufriedener und ausgeglichener machen: ein gesunder Mix aus Anspannung und Entspannung, aus positivem Stress und Erholung.

Aber wie können wir immer besser werden? „Wenn es einfach wäre, würde es jeder machen", lautet eines meiner Credos. Die Wahrheit nämlich ist: Es gibt Gründe, warum die deutschen Basketballer oder die Eishockey-Cracks diese Erfolge erzielen konnten. Neben viel Talent, guter Menschenführung, Wille und dem nötigen Glück war es vor allem viel Arbeit, sich im richtigen Moment in Topform mit den besten Mannschaften der Welt messen zu können.

Dieses Buch ist keine Pille, die schnellen Erfolg bei wenig Aufwand verspricht. Wir finden nicht die Wundermaschine, die aus Menschen Superhelden macht. Oder vielleicht doch. Aber anders, als man denkt. Denn diese Wundermaschine ist das menschliche Gehirn, das in jedem Alter in der Lage ist, sich neue Routinen anzueignen, neue Pfade zu beschreiten.

Ich bin überzeugt: Es gibt einen Weg zu einem besseren, gesünderen, glücklicheren Leben. Zu mehr Leistungsfähigkeit und Zufriedenheit. Ich habe in den vergangenen Jahren viel Wissen gesammelt, das ich bis heute an meine Sportler und Kunden weitergebe. Und: Ich lerne umgekehrt jeden Tag von ihnen. Von Stars wie Dennis Schröder und Leon Draisaitl, die jeden um sich herum in Training und Spiel besser machen, von Top-Trainern wie Gordon Herbert oder Harold Kreis, die es mit Kommunikation und Arbeit schaffen, ihre Mannschaften zu entwickeln, von führenden Managern, Unternehmern, TV-Stars und Entertainern. Das sind die Menschen, die mich besser machen.

All ihre großen und kleinen Erfolgsgeschichten möchte ich in diesem Buch zusammenzuführen. Ich versuche zu zeigen, wie wichtig es ist, unsere Bestimmung zu finden, ihr zu folgen, wenn wir ein Highperformer sein wollen, ein Leistungsträger, ja vielleicht sogar ein wahrer Champion. Ich versuche herauszufinden, was uns auf dem Weg zu mehr Glück im Weg steht – und wie wir es überwinden können.

Am Anfang steht der Weg, sich ein Leben aufzubauen, zu wachsen und zu lernen. Im zweiten Teil beleuchte ich das Fundament jeder Höchstleistung, die vier Säulen Training, Ernährung, Regeneration und Mindset – aber auch, wie man als Coach oder Führungspersönlichkeit diese Dinge bei anderen steuern kann.

Dann kommen wir zum goldenen Schluss: Was macht die wirklichen Champions aus? Was haben die Stars, das sie vom Rest unterscheidet? Was können wir von ihnen lernen? Wie hält man sich möglichst lange auf einem Topniveau, ob nun im Sport oder im Beruf?

Egal, ob du Athlet bist oder mitten im Berufsleben stehst – nutze die Erfahrungen aus dem absoluten Spitzensport, um dir ein Umfeld zu schaffen, in dem du nachhaltig erfolgreich sein kannst. Mach dich auf den Weg zu einem besseren Ich – dieses Buch nimmt dich gerne mit …

Teil 1
Ein Profi werden

Kapitel 1
Purpose – Die Suche nach der Bestimmung

Schule und der Systemfehler Arne

Die Welt um uns herum dreht sich immer schneller, die Nachrichten überschlagen sich, die sozialen Netzwerke stehen nie still. Nicht selten bleibt dabei das Ich auf der Strecke. Wer bin ich? Wo will ich hin? Was ist meine Bestimmung? Die Frage nach dem großen Sinn, sie stellt sich gerade jungen Erwachsenen immer drängender. „Purpose" heißt das Zauberwort – und früher oder später muss jeder für sich eine Antwort finden.

Dem einen wird vielleicht schon in der Kindheit klar, welchen Weg er einschlagen will. Bei mir hat es eine ganze Weile gedauert. Um ehrlich zu sein: In der Schule hatte ich überhaupt keine Ahnung, wohin mich dieses Leben führen würde. Ich bin in Hannover geboren, aber zusammen mit meiner Schwester in Köln aufgewachsen – und dort bin ich bis heute zu Hause.

Sport hat immer eine große Rolle gespielt, das haben uns unsere Eltern vorgelebt. Ich ließ mich anstecken und war selbst sehr aktiv. Mit 13 bin ich zum Handball gekommen. Ich glaube, ich war ein einigermaßen guter Spieler und habe alle Jugendmannschaften durchlaufen, aber für eine Profikarriere hat es nicht gereicht. Diese Tür öffnete sich mir also nicht.

Und andere erst einmal auch nicht, denn das System Schule und Arne, das hat nie so richtig zusammengepasst. Ich tat das Nötigste, kam stets irgendwie durch, aber der große Ehrgeiz wollte sich nicht entwickeln. Nach mehreren Schulwechseln hielt ich dann am Wirtschaftsgymnasium in Leverkusen meinen Schulabschluss in der Hand und hatte keine Ahnung, was ich mit meinem Leben anfangen sollte. Die Berufsorientierungstage und Jobmessen waren alle ergebnislos verlaufen, und so war ich sehr dankbar, dass mir der Pflichtdienst – damals musste man noch zwölf Monate entweder in der Bundeswehr oder im Zivildienst ableisten – noch eine Denkpause verschaffen würde.

Zur Musterung auf dem Kreiswehrersatzamt in Köln ging ich eigentlich mit dem Plan, eine entspannte Zivildienstzeit zu verbringen, in der ich ein wenig mit den Jungs chillen konnte. Als ich den Raum betrat, fragte mich die Verwaltungsangestellte: „Was für eine Einheit könnten Sie sich bei der Bundeswehr vorstellen?“ Ich zuckte mit den Schultern. „Eigentlich sehe ich da keinen Platz für mich.“

Doch noch während ich diese Worte aussprach, fiel mein Blick auf einen Flyer auf dem Schreibtisch. Die Gebirgsjäger suchten Verstärkung. Mein Interesse war geweckt. „Wenn ich dort hingehen könnte, würde ich das machen“, sagte ich. „Können Sie Ski fahren?“, fragte die Beamtin. „Selbstverständlich“, antwortete ich, „ich habe letztes Jahr sogar eine Skilehrerausbildung beim Deutschen Alpenverein gemacht.“

Die Entscheidung war gefallen. Ein paar Monate später machte ich mich auf die über siebenstündige Zugfahrt nach München, stieg dann in den Regionalzug nach Bad Reichenhall um. Es war eine Reise wie ans andere Ende der Welt. Nein, in eine ganz neue Welt. Denn zum ersten Mal in meinem Leben betrat ich eine Kaserne. Ich schaute noch einmal auf den Brief, den ich ein paar Wochen zuvor erhalten hatte, und meldete mich bei der 3. Kompanie des Gebirgsjägerbataillons 231. Da hieß es erst einmal warten. Mit ein paar anderen Rekruten stand ich im Treppenhaus, direkt vor mir lehnte ein Neuling an der Wand, die Hände in den Hosentaschen vergraben, sein Gesichtsausdruck zeugte von Langeweile.

In diesem Moment kam ein Soldat in Uniform vorbei. Seine Schulterklappen machten deutlich, dass er nicht ganz unten in der Befehlskette stand. In einem Tonfall, der Respekt einforderte, raunzte der Offizier den jungen Rekruten an: „Die Mauer steht auch ohne Sie.“ Sichtlich überrascht stellte sich der Kamerad gerade hin. Der Soldat fuhr fort: „Ach, und haben Sie heute Geburtstag?“ „Nein“, stammelte der Neuling verschüchtert. „Dann nehmen Sie die Hände von der Kerze.“ Schnell zog er sie aus der Hosentasche. Ich traute meinen Ohren nicht. Kaum angekommen, hagelte es Sprüche, wie man sie sonst nur aus Filmen kannte.

Die ersten Tage waren karg, hart und von Drill und Übungen geprägt. Alles war neu. Die Menschen, mit denen ich zu tun hatte. Das Leben in der Stube, zu sechst im ersten Stock der Kaserne, ganz am Ende des Gangs. Das Aufstehen um 4.30 Uhr, das Essen nach Zeitplan. Zum ersten Mal in meinem Leben hatte ich eine klare, vorgegebene Struktur, an die ich mich halten musste. Ich merkte schnell, dass ich mit meiner aufmüpfigen Art aus der Schulzeit nicht weit kommen würde. Bei den Gebirgsjägern funktionierte alles nur, wenn ein Rädchen ins andere griff. Hier wurde weniger Spaß verstanden, sondern viel Wert darauf gelegt, dass alles so gemacht wurde, wie es vorgeschrieben war.

Doch ich hatte mich im Handumdrehen an die neuen Routinen gewöhnt. Ich merkte schnell, wenn man morgens um halb fünf aufstehen muss, ist es gut, abends nicht zu spät ins Bett zu gehen. Es ergab plötzlich Sinn, seine sieben Sachen zusammenzuhalten, die Dinge gut und ordentlich zu behandeln und auf seine Habseligkeiten aufzupassen.

Das Lehrjahr bei der Bundeswehr

Hier bei der Bundeswehr galt das Credo: „Lernen durch Schmerz.“ Wenn du bei einer Übung nicht aufpasst, dass dein Schlafsack nicht nass wird, wird die Nacht eiskalt und unangenehm feucht. Es war hart, aber ich mochte dieses Leben. Ich ging darin auf und wurde, ohne es gleich zu merken, zum Anführer der Gruppe. Zuerst in meiner Stube, wenn es darum ging, die allgemeine Ordnung aufrechtzuerhalten, Absprachen zu treffen und sich gemeinsam das Leben zu erleichtern. Später auch bei Übungen.

Die drei Monate Grundwehrdienst waren für mich eine sehr wertvolle Zeit. Für jemanden, der aus gutbürgerlichen Verhältnissen kommt, dem es an nichts fehlt, der jederzeit auf einen vollen Kühlschrank zurückgreifen kann, der selbst entscheiden kann, wann er abends ins Bett geht oder was er anzieht, war es anfangs ein Kulturschock. Nie zuvor hatte mir jemand gesagt, wie ich mich zu verhalten hatte. So mancher Lehrer kann sicher heute noch ein Lied davon singen, wie ich in der Schule über Dinge wie Befehl und Gehorsam gedacht habe.

Plötzlich wurde mir vorgeschrieben, wie ich meine Haare zu tragen und meinen Bart zu rasieren hatte. Der schulterlange blonde Schopf fiel dem Langhaarschneider zum Opfer, es blieb ein nur drei Millimeter raspelkurzer Schnitt. Auch der Dreitagebart war vorerst Geschichte. Morgens mussten alle Rekruten antreten, und der Gruppenführer kontrollierte aus nächster Nähe den Erfolg der Morgentoilette.

Der neue Lebensstil hatte aber nicht nur Auswirkungen auf meine Selbstorganisation und Ordnung. Schon nach wenigen Wochen merkte ich, dass sich meine körperliche und geistige Leistungsfähigkeit verbessert hatte. Die Schlafroutine, das regelmäßige, aber nicht überkalorische Essen, die klaren Abläufe im Alltag und das tägliche Training taten mir gut. Ich war topfit und fühlte mich auch so.

Dann war die Grundausbildung vorüber. Nach drei Monaten erhält jeder Soldat eine sogenannte „Verwendung". Für mich und die Rekruten, die mit mir begonnen hatten, war vorgesehen, dass wir nach Wildflecken verlegt werden. Dort bildet die Bundeswehr Soldaten aus, die in den Einsatz gehen. Dazu brauchten sie Statisten, die Demonstranten spielten, als Fahrer bei einer Autodurchsuchung mitmachten und so weiter. Mein absoluter Alptraum, schließlich hatte ich mich für den Wehrdienst entschieden, um bei den Gebirgsjägern zu sein. Natürlich war der Einsatz in Wildflecken wichtig, aber er hatte nichts mit meiner Motivation zu tun, mich zum Wehrdienst zu melden.

Gipfelsturm zu den Gebirgsjägern

Es gab nur einen Ausweg: Das war die Möglichkeit, sich für die Spezialeinheit zu qualifizieren. In dreitägigen Eignungstests wurde ausgesiebt. Nur 15 von 180 Rekruten aus meinem Jahrgang sollten die Chance bekommen, wirklich bei den Hochgebirgsjägern aufgenommen zu werden.

Ein paar Tage vorher hatten mich unsere Vorgesetzten bei einem Lauftest noch in der mittleren Leistungsgruppe eingeteilt. Als ein Favorit auf die vorderen Plätze galt ich bei ihnen also nicht. Das stachelte mich aber nur noch mehr an. Ich wollte es allen zeigen.

Der Aufnahmetest begann mit einem Bergmarsch. Dabei gingen alle Rekruten gleichzeitig den Berg hoch, mit Tourenskiern unter den Füßen, also mit einer Bindung wie beim Langlauf und mit Fellen unter den Skiern, damit man den Berg überhaupt besteigen kann. Das Konzept war einfach: Alle Rekruten starteten gemeinsam und rannten tausend Höhenmeter hoch. Wer bei den Ersten dabei war, hatte nach dem Ski- und Klettereignungstest eine realistische Chance auf einen Platz bei den Hochgebirgsjägern. Es hieß also: Jeder gegen jeden …

Ich achtete von Anfang an darauf, mich in der Spitzengruppe zu platzieren. Ich wollte unbedingt bei den Gebirgsjägern ankommen, die Motivation setzte Kräfte frei. Vor mir gingen zwei Soldaten in Führung. Dann kam ich, hatte aber eine ganze Reihe von Kameraden im Nacken. Direkt hinter mir hatte sich mein Kamerad Moritz Fricke festgebissen. Wir kannten uns damals noch nicht, aber ich erinnere mich genau daran, dass immer, wenn ich mich umdrehte, er direkt hinter mir war. Es war der Beginn einer wunderbaren Freundschaft, die bis heute anhält. Auch wenn man sich nicht ständig schreibt oder telefoniert. Wenn wir uns treffen, ist es genau wie damals am Berg – nur laufen wir jetzt gemeinsam und nicht gegeneinander.

Ich ließ mich nicht beirren, zog weiter und erreichte als Dritter das Ziel. Völlig erschöpft sank ich in den Schnee. Neben mir keuchten die anderen Rekruten. Aber die Gruppe, die hier vorne gelegen hatte, hatte nun die besten Chancen auf einen Platz in der Spezialeinheit. Als Nächstes stand das Skifahren im „schweren Gelände" auf dem Programm. Dazu mussten wir einen Naturhang hinunterfahren.

Allerdings hatte das mit der Vorstellung, die ich bis dato vom Alpinskifahren hatte, nichts zu tun. Alle Rekruten bekamen die gleichen kantigen Bretter, von modernen Carving-Ski konnten wir nur träumen. Auch war ich gewohnt, in Skischuhen zu fahren, die vorne und hinten Halt gaben. Doch diese Prüfung galt es in einem „Winter-Bergschuh" zu absolvieren, quasi ein Wanderschuh aus Hartplastik. Ich machte ein paar Trockenübungen und legte mich erst mal der Länge nach auf die Nase.

Unten standen die Ausbilder und bewerteten unsere Abfahrt. Bei den Gebirgsjägern muss man nicht schön, sondern vor allem schnell und sicher Ski fahren können. Ich entschied mich, mit einem schnellen Parallelschwung den Hang hinunterzufahren, und bemerkte, dass die Ausbilder bei meiner Ankunft leicht schmunzelten. Es schien ihnen zu gefallen, dass ich nicht nur auf Sicherheit und Schnelligkeit achtete, sondern auch mit einer vernünftigen Technik den Berg meisterte. Mein Ziel war in greifbarer Nähe.

Am nächsten Tag ging es an die Kletterwand. Ich war vorbereitet, denn in der Grundausbildung wurde viel Wert auf das Klettern gelegt, und ich beherrschte die Grundtechniken. Zusammen mit den Leistungen vom Vortag war schnell klar: Ich gehörte in die Einheit und würde ein richtiger Hochgebirgsjäger werden! Ich hatte mir ein Ziel gesetzt, dafür trainiert, dafür gelebt, mich nicht beirren lassen, war konsequent meinen Weg gegangen. Der Lohn: Als der Ausbilder am Ende des Tages die 15 neuen Hochgebirgsjäger aufzählte, war mein Name darunter. Mein Wunsch war in Erfüllung gegangen!

Der Teamgeist am Berg

Kurz darauf ging es in den Winterurlaub, sodass wir nach unserer Rückkehr in die 1. Kompanie überstellt wurden und nun zum Hochgebirgsjägerzug gehörten. Voller Stolz betrat ich die neuen Kasernengebäude. Aber quasi mit dem Schritt durch die Eingangstür war da noch ein zweites Gefühl: Druck.

Hauptfeldwebel Alex Elste, damals stellvertretender Zugführer, begrüßte uns. Wir wurden in einen Besprechungsraum gebracht. Der Hauptfeldwebel hatte einen Bergrucksack dabei und ein Seil. Er schmetterte seine Ausrüstung auf den Boden und sagte in ruhiger, aber bestimmter Tonlage „Ihr seid die besten Sportler und Soldaten des Bataillons. Aber von jetzt an gehört euer Arsch mir! Ich werde dafür sorgen, dass ihr diese Einheit bei den kommenden Übungen und Wettkämpfen gut repräsentiert!“

Die Hochgebirgsjäger sind eine Spezialeinheit des Bundesheeres. Ihr Job ist es, in schwer zugänglichem Gelände zu agieren. Die Aufgaben sind gefährlich, sie sind komplex. Jeder muss sich blind auf den anderen verlassen können. Deshalb war die Kameradschaft so wichtig – und ich habe nie etwas Vergleichbares erlebt wie in dieser Zeit.

Zu unseren täglichen Aufgaben gehörten die Ausbildung zum Spähtrupp, die Bergrettung, die Vorbereitung auf militärische Wettkämpfe und das Überleben im Wald, am Berg, im Biwak oder im Iglu. Auch wenn es nur Übungen waren: Die Sinne mussten geschärft sein, denn die Gefahr, sich oder andere durch Unachtsamkeit zu verletzen, war immer präsent. Egal, ob wir uns an einer Felswand abseilten oder im selbstgebauten Akia aus Skiern die Rettung eines Kameraden simulierten: Im Hochgebirge kann jeder Fehltritt Folgen haben.

Umso wichtiger war es, dass wir uns aufeinander verlassen konnten. Ich habe gelernt, dass nicht alle meine Kameraden meine besten Freunde sein müssen – aber dass es in einer Gruppe volles Vertrauen braucht. Wir fuhren gemeinsam in Lawinenfelder, wussten, dass eine Lawine abgehen könnte und ein Kamerad gerettet werden musste.

Das erfordert eine besondere Form des Zusammenhalts, und man spürte, wie wir als Einheit auch im Alltag immer mehr zusammenwuchsen. Mein Wertesystem wurde auf den Kopf gestellt. Bis heute stehen für mich Vertrauen, Loyalität und Disziplin an erster Stelle – Werte, die nicht nur im Mannschaftssport, sondern auch in vielen anderen Lebensbereichen ein Grundstein für den Erfolg sein können.

Neue Routinen und der Abschied vom Alkohol

In dieser Zeit haben sich auch meine Routinen und Gewohnheiten gefestigt. Das frühe Aufstehen, der Zyklus von Ruhe, Schlaf und Training wurden immer besser. Aber dann war da noch das Thema Alkohol. Man sagt ja, bei der Bundeswehr wird viel getrunken. In unserer Mannschaftsstube, einem Raum, in den nur die Hochgebirgsjäger der Truppe (keine Dienstgrade und keine Ausbilder) durften, gab es auch Alkohol. Besonders das bayerische Bier schmeckte allen. Auch wenn es nie mehr als ein, zwei Bier am Abend waren – am nächsten Morgen merkte ich, dass es mir nicht guttat. Nicht, dass ich einen Kater gehabt hätte, aber ich fühlte mich wesentlich besser, wenn ich nichts getrunken hatte.

Also beschloss ich, vorerst unter der Woche auf Alkohol zu verzichten. Da mir das Leben in den Bergen und in der Natur so gut gefiel, verbrachte ich meine Wochenenden nun öfter in Süddeutschland. Mein „Verfolger" Moritz Fricke hatte es auch in den Zug geschafft. Er wohnte am Chiemsee und wir verbrachten die Wochenenden gemeinsam „am Berg". Da man früh aufstehen muss, wenn man eine Bergtour machen will, fand ich es sinnvoll, auch hier nicht mehr zu trinken. Und das war es dann für mich: Seit über 20 Jahren trinke ich keinen Alkohol mehr, dass ich nicht rauche, versteht sich von selbst.

Was man immer wieder merkt: Die meisten Leute haben ein Problem damit, wenn man keinen Alkohol trinkt. Auch hier in Köln, wo das Kölsch fast selbstverständlich dazugehört. Es gilt als gesellig und völlig normal, gemeinsam zu trinken. Wenn andere mit meinem Nichttrinken konfrontiert werden, fühlen sie sich plötzlich rechtfertigungspflichtig. Dabei habe ich kein Problem damit, wenn jemand abends mal ein Glas Wein trinkt. Aber meistens bleibt es nicht bei einem Glas. Oder sie erwarten eine Erklärung, warum ich das Bier stehen lasse. Immer wieder komme ich da in Situationen, in denen mich Menschen zum Mittrinken animieren wollen. Denen gebe ich gerne den Vergleich mit dem Vegetarier. „Den forderst du ja auch nicht auf, heute mal ein Steak zu essen, oder?“ Das hat noch immer funktioniert.

Die Leere nach der Dienstzeit

Für mich war immer klar, dass die Bundeswehr nicht das Ende meines Weges ist. Als ich vor der Entscheidung stand, mit meiner Einheit nach Afghanistan zu gehen, habe ich mich für den zivilen Weg entschieden. Die Zeit bei den Gebirgsjägern hat mir viel gegeben. Neue Fähigkeiten, neue Stärken, ich wusste, was mir Spaß macht, ich hatte Talente in mir entdeckt – aber wohin mich das im „normalen Leben“ führen würde, davon hatte ich noch keine Vorstellung.

Eine neue Leere machte sich in mir breit. Meine Bestimmung, meinen Purpose, meinte ich gefunden zu haben – aber wo konnte ich Teamgeist spüren, Menschen anleiten, wo würden mir die erlernten Eigenschaften weiterhelfen?

Es waren Extremsituationen im Hochgebirge, die Kameradschaft in der Truppe, die mir geholfen haben, meine Bestimmung zu finden. Jeder muss in sich hineinhorchen, um eine Antwort zu finden. Ich wusste nun, was ich wollte, aber noch nicht, wie und wo ich das würde umsetzen können.

Meine wichtigsten Lehren aus der Bundeswehrzeit

- *Es ist eine Qualität, auch einmal Dinge als gegeben zu nehmen, ohne zu diskutieren.*
- *„Klagt nicht, kämpft“, lautete das Credo. Mitleid bringt einen keinen Schritt weiter.*
- *Disziplin ist wichtiger als Motivation.*
- *Vorbereitung ist alles.*

Kapitel 2
Der harte Hund

Auf in die Fitnessbranche

Zurück in Köln, suchte ich erst einmal nach Orientierung. Immerhin wusste ich, was ich nicht wollte. Ich wollte nicht in einem Büro sitzen, wollte keine monotone Arbeit machen. Meine Eltern rieten mir, mich in der damals boomenden Fitnessbranche zu versuchen. Die Idee gefiel mir. Ich bewarb mich für ein einjähriges Praktikum bei der Fitness Company, dem heutigen Fitness First in der Luxemburger Straße. Für eine 40-Stunden-Woche gab es gerade mal 500 Euro, aber das war mir damals egal. Ich suchte eine Aufgabe und hoffte, sie dort zu finden.

Der Vorteil eines langen Praktikums: Man lernt wirklich jede Abteilung kennen, probiert sich aus, sammelt Erfahrungen. Nebenher begann ich, die ersten Leute individuell zu trainieren: ein Programm, bei dem ich mich mit einem Trainierenden zu einer bestimmten Zeit verabredete und ihn eine Stunde lang trainierte. Ich erinnere mich noch gut an meinen ersten „Kunden".

François, Mitte 40, sprach kein Wort Deutsch, sondern nur Französisch. Meine wenigen Brocken Schulfranzösisch reichten bei weitem nicht aus, um ein längeres Gespräch zu führen. François saß im Rollstuhl und litt an einer Spastik. Er konnte sich zwar mit Gehhilfen fortbewegen, aber nur sehr mühsam. Er war hier in Deutschland, weil seine Mutter (damals über 70) einen Deutschen geheiratet hatte, der aus Köln kam. Zweimal in der Woche traf ich mich mit François zum Training.

Mit Händen und Füßen habe ich ihm die Aufgaben erklärt. Ich half ihm in den Stand, überlegte mir Übungen, wie er seine Muskulatur an den Hilfsmitteln oder im Sitzen trainieren konnte. Es war schwierig, doch es funktionierte. Wir hatten eine schöne Zeit zusammen und ich merkte, dass ich François wirklich half. Mein Wissen war natürlich begrenzt, aber allein durch das Tun, durch die Bewegung war François ausgelasteter, besser gelaunt und motiviert, nicht aufzugeben.

Von einem wirklichen Personal Training war das noch weit entfernt, da fehlte der ganzheitliche Ansatz. Aber das hat mich angespornt, mein Ziel weiterzuverfolgen. Nach und nach wuchs die Zahl meiner Kunden. Menschen, die merkten, dass ich ihnen helfen wollte und es auch tat. Das gab mir Zufriedenheit. Ich wusste: Das ist mein Ding.

In der Fitness-Industrie

Die Arbeit im Studio war vielfältig, denn ich probierte alle Bereiche einmal aus. Es gab Leute, die sich um die Kunden auf der Trainingsfläche kümmerten. Andere beaufsichtigten die Kraftmaschinen. Es gab Mitarbeiter, die sich im Kundenservice mit den Fragen, Beschwerden und Anregungen der Kunden beschäftigten. Einer der wichtigsten Jobs war der an der Theke, denn dort ist man das Gesicht des Studios. Wenn die Kunden durch die Tür kommen, müssen sie ein freundliches Gesicht sehen, einen einfühlsamen Menschen, dann fühlen sie sich wohl.

Aber es ist auch keine leichte Aufgabe, zumindest war sie das für mich nicht. Auf der einen Seite stehen die Leute mit den unterschiedlichsten Problemen vor dir an der Theke. Der eine hat seine Mitgliedskarte vergessen, der andere hat eine Frage, will noch einen Shake kaufen oder braucht ein Handtuch. Gleichzeitig kommen von hinten schon wieder Kunden, die einen Riegel wollen oder Ausrüstung suchen. Ich habe den Service gerne gemacht, habe aber gemerkt, dass die Hektik an der Theke auf Dauer nicht meine Welt ist.

Etwas Wichtiges habe ich aber aus den Wochen im Eingangsbereich mitgenommen: Ich habe gespürt, wenn man die Leute mit einem Lächeln begrüßt und sie mit Namen anspricht, dann ist sofort eine andere Stimmung da. Nicht ohne Grund werden in den Studios beim Einchecken das Foto und die Daten des Gastes angezeigt, denn diese Begrüßung ist der absolute Eisbrecher, und der Frust, der sich vielleicht bei der Arbeit oder zu Hause angestaut hat, kommt gar nicht erst ins Studio.

Vielleicht haben sich die Studios das von den Tophotels abgeschaut. Ich durfte einmal mit der Basketball-Nationalmannschaft bei der WM im Ritz-Carlton in Schanghai schlafen – da wussten die Pagen nicht nur, wie du heißt, sondern auch, welchen Kaffee du magst und wie du dein Ei gerne isst. Ich habe daraus gelernt, dass eine Wohlfühlatmosphäre und der direkte Draht zum Kunden entscheidend für die Kundenzufriedenheit sind. Meinen Mitarbeitern gebe ich gerne den Rat, die Wünsche der Kunden mehr als zu erfüllen, sie zu überraschen. Denn das bleibt in Erinnerung.

Besonders wichtig ist, nicht vorschnell über potenzielle Kunden zu urteilen – denn das kann im Zweifel durchaus nach hinten losgehen. Dazu gibt es auch eine schöne Geschichte mit meinem Freund Christian Ehrhoff, der 2016 nach 13 Jahren in der nordamerikanischen Profi-Eishockeyliga NHL zu den Kölner Haien zurückkehrte. Wir hatten am Tag vor einem Auswärtsspiel bei den Nürnberg Ice Tigers ein wenig Leerlauf, gingen in unseren Trainingsanzügen aus dem Hotel und besuchten ein Autohaus für Fahrzeuge aus dem gehobenen Preissegment, da standen schicke Ferraris, Jaguars oder auch ein Bentley. Wir schauten uns interessiert um. Die Verkäufer musterten uns, aber niemand sprach uns an. Irgendwann beschlossen wir zu gehen. Christian schaute einen Verkäufer an und sagte nur: „Schade eigentlich, ich hätte gerne einen Wagen gekauft. Aber hier hat anscheinend niemand Interesse. Wenn Sie Ihre Kunden nicht kennen …"

Der Verkäufer hatte offensichtlich keine Ahnung und fragte nach. Als er dann via Google erkannte, wen er vor sich hatte, entschuldigte er sich vielmals und wollte wissen, welcher Wagen denn Ehrhoffs

Interesse geweckt habe. „Jetzt gar keiner mehr“, sagte der Haie-Profi, und wir gingen zurück ins Hotel.

Beim Sport lernt man, Äußerlichkeiten weniger Beachtung zu schenken. Die Skilehrer sagen immer: „Ab 1500 Metern duzen sich alle, da sind alle gleich auf der Skipiste.“ Und so ist es auch bei uns: Spätestens, wenn unsere Kunden und Athleten aus der Umkleide kommen, lässt sich nicht mehr erkennen, welcher Mensch besonders erfolgreich ist. Einige trainieren in 15 Jahre alten Trainingsschuhen oder in einem zu heiß gewaschenen Poloshirt. Aber Vorsicht: Auf den Erfolg im Job oder die Höhe seines Bankkontos kann man da keine Rückschlüsse ziehen.

Daher habe ich mir angewöhnt, nicht das Aussehen als Entscheidungsmerkmal für Erfolg oder „Wichtigkeit“ heranzuziehen. Ich selbst trage zu 99 Prozent meiner Zeit eine Jogginghose. Auch wenn Karl Lagerfeld einst sagte: „Wer die trägt, hat die Kontrolle über sein Leben verloren“, ist bei mir das Gegenteil der Fall. Kontrolle, Disziplin und Ordnung spielen mittlerweile eine große Rolle in meinem Leben. Man sollte also niemals vorschnell urteilen.

Die Trainingsfläche wird zum Zuhause

Zurück zu meiner Zeit im Studio. Mir war klar: Ich wollte auf die Trainingsfläche. Ich machte eine Ausbildung zum Fitnesstrainer, begann mein Studium an der Sporthochschule und arbeitete nebenbei weiter. Ich wusste, was ich wollte. Mit Menschen arbeiten, sie trainieren, Teams auf ein neues Level bringen, Potenziale erkennen, wecken und fördern.

Im Fitnessstudio funktionierte das allerdings nur bedingt. Ich ging motiviert und engagiert an jeden Kunden heran, erarbeitete mit ihm einen Trainingsplan nach seinen Wünschen und Bedürfnissen. Natürlich folgten alle einem gewissen Muster, aber dennoch war jeder Plan einzigartig. Und dann sah ich, wie genau diese Neuankömmlinge kurze Zeit später etwas ganz anderes trainierten und mein Plan Geschichte war. Das war für mich sehr frustrierend.

Ich glaube, das liegt unter anderem daran, dass in den Studios jeder neue Trainierende einen Trainer zugelost bekommt. Es ist also ein Zufallsereignis. Niemand weiß, ob die beiden zusammenpassen. Und das steht dem Trainingserfolg im Weg. Es ist viel besser, wenn sich da eine Beziehung zwischen Coach und Sportler aufbauen könnte, in den meisten der großen Studios ist dieser Gedanke aber ein Wunschtraum, der nicht verwirklicht werden kann.

Ein weiteres Problem in der Fitnessbranche war und ist die unglaublich hohe Aussteigerquote. Viele kommen schon nach wenigen Wochen nicht mehr, weil sie auf sich allein gestellt sind, weil die Motivation nachlässt und/oder weil sich kein Trainingserfolg einstellt. Das liegt daran, dass viele entweder zu wenig oder zu lasch trainieren, manche laufen gleich mehrere Monate mit demselben Trainingsplan herum, andere werfen ihre guten Vorsätze spätestens bei der ersten Karnevalssitzung über Bord. Ich sah die Kunden kommen und gehen und merkte: Was ich tat, war nicht effektiv und damit unbefriedigend.

Was also tun? Mangels Alternativen blieb ich auch nach dem Studium in der Branche und wechselte als Trainingsleiter zu Fitness First in die Schildergasse. Dort tauchten plötzlich die ersten Personal Trainer auf. Ich schaute neidisch auf meine Kolleginnen und Kollegen. Die arbeiteten regelmäßig mit denselben Kunden, die motiviert zum Training kamen, und man konnte fast von weitem zusehen, wie sich der Trainingserfolg einstellte. Das fand ich sensationell und fing Feuer: Das war es, was ich auch machen wollte!

Mein erster richtiger Privatkunde

Doch mein Arbeitsplatz blieb vorerst die Trainingsfläche. Bis eines späten Vormittags ein Mann im Anzug vor mir stand. Etwa 1,90 Meter groß, gut gebaut, aber leicht untersetzt, grau melierte Haare. „Ich möchte trainieren", sagte er, und ich erklärte ihm unser Angebot. „Nein, so wird das nichts. Ich brauche einen Trainer." An dieser Stelle war es an mir, auf die Coaches in unserem Studio hinzuweisen.

Er schüttelte den Kopf. „Das ist ja schön und gut, aber was ist mit dir? Machst du das auch?“ Ich beschloss, meine Chance zu nutzen. „Natürlich kann ich das“, platzte es aus mir heraus. „Gut. Können wir morgen früh anfangen?“ Der Kunde ist König, also nickte ich. „Dann machen wir das so. Mein Name ist Alexander. Bis zu meinem 40. Geburtstag möchte ich fit sein. Wir trainieren immer montags, mittwochs und freitags um 6.45 Uhr.“

Ich musste kurz schlucken, denn die Bundeswehrzeit lag schon ein paar Tage zurück, und ich hatte mich im Studium wieder ans längere Schlafen gewöhnt. Aber diese Gelegenheit wollte ich um nichts in der Welt verpassen, also hieß es: Zurück zum early bird, früh aus den Federn, vor der eigentlichen Arbeit stand das Training mit Alex an. Aber hey, es machte Spaß, nein, mehr noch: Eine neue Welt tat sich auf.

Lernen durch Schmerz

Schon seit einiger Zeit trainierte ich eine Footballmannschaft, die Cologne Falcons. Ich hatte im Fitnessstudio den ehemaligen American-Football-Spieler David Odenthal kennengelernt. David erzählte mir, dass er ein neues Jugendteam gründen wollte, und fragte mich, ob ich nicht Lust hätte, ihr Athletiktrainer zu werden. Ich überlegte nicht lange und sagte zu.

Ich war überzeugt, dass meine Fähigkeiten aus der Bundeswehrzeit eine hervorragende Basis für die Verwirklichung meines Berufswunsches waren – und so habe ich auf das zurückgegriffen, was ich dort gelernt hatte. Jeder, der gedient hat, weiß, dass Disziplin oberstes Gebot war. „Lernen durch Schmerz“ hieß die Devise: Wer sein Bett nicht gemacht hatte, musste zur Strafe die Latrinen putzen oder eine andere stumpfsinnige Arbeit verrichten. Meistens saß die Lektion, und der Rekrut machte den Fehler kein zweites Mal. Dieses Mindset adaptierte ich in meinen Führungsstil.

Das erste Training mit der Jugendmannschaft der Cologne Falcons werde ich nie vergessen. Wir trafen uns in Köln-Michaelshoven hinter dem Berufsförderungswerk. Dort war eine freie Wiese. Im wahrsten Sinne des Wortes. Wir standen mit einem Haufen Jungs im kniehohen Gras. Die meisten hatten noch nie einen Football gesehen und waren körperlich gar nicht in der Lage, gegen eine andere Mannschaft anzutreten. Aber ich spürte: Hier bin ich richtig. Ich konnte ausprobieren, üben, Fehler machen, gewinnen, verlieren und mich immer wieder auf neue Situationen einstellen. Es war perfekt.

Die Arbeit trug Früchte. Jahr für Jahr wurden wir besser und stiegen in eine höhere Liga auf. Die Falcons schafften es bis ins Finale der GFL-Juniors, also der höchsten Jugendspielklasse. Das Szenario war perfekt, wir spielten im Kölner Südstadion vor 4500 Zuschauern gegen die Düsseldorf Panther und gewannen. Das war mein erster Pokal, meine erste Meisterschaft, die Freude war riesig. Was ich nicht wusste: Es sollte ein paar Jahre dauern, bis weitere hinzukamen.

Aber: Ich hatte damals keine Ahnung vom Umgang mit Menschen, geschweige denn von der Führung großer Gruppen. Ich hatte zwar Handball gespielt, war aber nie für eine ganze Mannschaft, ihr Trainingssetting und die Motivation verantwortlich. Deshalb nutzte ich meine Erfahrungen aus der Zeit bei den Gebirgsjägern und spiegelte meine Bundeswehrerfahrungen auf meine Athleten. Mein Training war hart, autoritär – und nicht selten unfair. Ich versuchte, den Sportlern durch Härte zu vermitteln, wer der Chef im Ring ist und die Richtung vorgibt.

Das kam vor allem beim American Football gut an, denn als Trainer der Falcons und später der U19-Nationalmannschaften musste man manchmal Gruppen von 40 oder 50 Leuten führen und dafür sorgen, dass alle mitzogen. Wenn man jeden sein Ding machen ließ, verlor man die Gruppe. Das ließ ich nicht zu.

Die Trainer und Betreuer, für die Disziplin an erster Stelle stand, fanden das cool. Während des Trainings machte ich klare Ansagen, wann wer wo zu sein hat. Wenn die Gruppe dann nicht in der vorgegebenen Minute zur Übung bereit war, gab es Strafen. Sie mussten zusätzliche Liegestütze machen oder die Übung wiederholen. „Lernen durch Schmerz“, das merkte ich schnell, funktionierte nicht nur bei der

Bundeswehr, sondern auch im Mannschaftssport, vor allem bei testosterongesteuerten Jugendlichen, wie ich sie bei den Footballern vorfand.

Allerdings erlaubte ich mir auch grenzwertige Aktionen, die ich heute wohl nicht mehr so machen würde. Ich erinnere mich an ein Training bei den Falcons, nachdem wir von Michaelshoven in die Ostkampfbahn direkt neben dem RheinEnergieSTADION umgezogen waren. Es war dunkel, kalt, der Schnee lag knöcheltief, und ein eisiger Wind wehte durch Müngersdorf. Die Spieler waren schon durchgefroren, trotzdem mussten sie durch den Schnee rollen und Liegestütze machen. Es war ein klassisches Straftraining und nicht mal sonderlich kreativ. Ich hatte an diesem Abend sicher nicht viele Freunde im Stadion auf dem Trainingsplatz, und das aus gutem Grund. Aber noch heute merkt man den Jungs von damals an, dass sie auch stolz darauf sind, Teil dieser Mannschaft gewesen zu sein, sie schwärmen davon, welche Disziplin dort herrschte – und was sie davon mitgenommen haben.

In dieser Zeit war der deutsche American-Football-Verband auf mich aufmerksam geworden und hatte mich für seine U19-Junioren engagiert. Mit ihnen fuhr ich zur EM, und am Ende eines sensationellen Turniers waren wir Europameister! Ein Jahr später fuhren wir nach Ohio zur WM und besuchten die Hall of Fame. Mit dabei war ein gewisser Björn Werner, der es ein paar Jahre später bis in die NFL schaffen sollte.

Er kam aus einfachen Verhältnissen, war so arm, dass er Schwierigkeiten hatte, sich neue Footballschuhe zu finanzieren, sodass der Verband aushelfen musste. Es sollte sich lohnen: Fünf Jahre später zogen ihn die Indianapolis Colts an Position 24 des Drafts von 2013, heute kommentiert Werner bei RTL die NFL-Spiele im Fernsehen. Eine wahre Cinderella-Story, wie sie vielleicht nur der Sport schreibt.

Für mich lohnte sich der Job finanziell damals allerdings kaum. Im Gegenteil: Zu diesem Zeitpunkt waren alle Aktivitäten im Sport reines Hobby und für mich ein Zuschussgeschäft. Doch durch mein Engagement im Football hatte sich die Möglichkeit aufgetan, mein heutiges Fitnessstudio und damit mein eigenes Unternehmen zu gründen: ago.sport. In dem Namen stecken nicht nur meine Initialen, er hat auch einen lateinischen Kern. „Agere" heißt: Ich tue, ich handele, ich setze mich in Bewegung. Für mich stand damals fest, dass ich mich nur noch auf das Personal Training und die Betreuung von Sportlern und Mannschaften konzentrieren wollte, und ago.sport sollte der Platz dafür sein.

Jetzt musste ich herausfinden, wie man einen einzelnen Klienten trainiert. Ich musste meinen eigenen Führungsstil finden. Als Soldat hatte ich auf natürliche Weise gespürt, dass es mir leichtfiel, ein Team zu führen, zu motivieren und dafür zu sorgen, dass alle an einem Strang ziehen und keiner zurückbleibt.

Doch nun musste ich auch leisere Töne finden. Das fiel mir anfangs nicht leicht.

Ärger mit dem Köhler-Bogen

Dieser Führungsstil stieß zum ersten Mal an seine Grenzen, als ich zu den Kölner Haien kam. Die „Junghaie", also die Nachwuchsabteilung des DEL-Clubs, hatten damals keinen Athletiktrainer. Über einen Physiotherapeuten, der den Kontakt herstellte, bekam ich die Möglichkeit, dort mit den Eishockeytalenten zu arbeiten. Auch bei den Haien herrschte ein hartes Regime. Ich gab den Jugendlichen klare Regeln vor, und wer sich nicht daran hielt, bekam die Konsequenzen zu spüren. In der Vorbereitung gab es eine Geschichte, die bis heute nachklingt. Ich bin auch hier nicht stolz darauf, aber sie zeigt, wie damals gearbeitet wurde.

Es ging um einen der talentiertesten Stürmer unserer Mannschaft. Er hieß Mick Köhler. Er hatte den Ruf, zu weich zu sein. Es hieß, sein Trainingseifer lasse zu wünschen übrig. Er war nie austrainiert, die Trainer meinten, Mick nehme die Sache nicht ernst genug. Beispielhaft war die Geschichte mit dem „Köhler-Bogen".

Das Anstrengende am Eishockey ist, dass man immer wieder mit Vollgas anlaufen muss, dann abrupt stoppt, um dann sofort wieder anzulaufen. Mick hat das ziemlich clever umgangen, indem er vor dem Stoppen einen kleinen Bogen gefahren ist, so hat er nicht so viel Energie verloren. Die Trainer sahen das nicht so gerne, denn dieser Bogen kostete Zeit und gab dem Gegner etwas mehr Raum.

Gerade in der Vorbereitung wollten wir Mick aus seiner Komfortzone herausholen, denn nichts hassen die Trainer mehr als verschwendetes Talent. In der Pause zwischen den Saisons war ich für die Fitness der Jungs zuständig, und an einem milden Frühlingstag hatte ich ein Intervalltraining am Adenauer Weiher angesetzt. Der ist nur einen Steinwurf vom RheinEnergieSTADION entfernt und hat eine flache Runde von ziemlich genau einem Kilometer. Normalerweise bin ich mit den Jungs gelaufen, mir war immer wichtig, dass sie wissen: Der Trainer weiß, wovon er redet. „Practice what you preach – Handle nach dem, was du lehrst", war schon damals mein Leitsatz.

Beweg deinen Hintern!

Aber an diesem Tag waren es einfach zu viele. Um den Überblick zu behalten, fuhr ich mit dem Mountainbike nebenher. Da fiel mein Blick auf Mick. Er schwitzte leicht, aber man merkte schnell: Der „Köhler-Bogen" um den Adenauer Weiher wurde mit angezogener Handbremse gefahren beziehungsweise gelaufen. Die Intervalle wirkten lustlos. „Komm mal aus dem Quark", war meine Ansage Nummer eins. Es half nicht viel. Mein Ton wurde rauer. „Beweg deinen Hintern", blaffte ich ihn an. Als ich ihn zum dritten Mal überholte und merkte, dass er sich immer noch nicht bewegte, wurde es mir zu bunt.

Ich bremste ihn mit meinem Mountainbike aus, schmiss das Rad in die Hecke und wurde richtig laut. Was er sich dabei denke, ob das wirklich alles sei und ob er glaube, mit so einer Einstellung hier richtig zu sein. Die anderen Spieler lächelten, Mick fand das damals gar nicht lustig. Aber er spurte. Und im Nachhinein muss man sagen: Das war schon hart an der Grenze.

Aber – und das ist das Schöne an der Geschichte: Einige Zeit später unterschrieb Mick einen Profivertrag bei den Kölner Haien. Danach musste er zwar einen Abstecher in die zweite Liga unternehmen, aber von Bad Nauheim ging es zurück in die DEL, zu den Augsburg Panthers. Dort schaffte er als Verteidiger sogar den Sprung in die Nationalmannschaft. Beim Deutschland Cup 2023 hat er dann erstmals wieder als Teil eines Teams mit mir trainiert. Wir haben auch über die Geschichte von damals gesprochen und viel gelacht.

Ob Mick Köhler oder viele andere aus der Jugend: Es macht mich als Trainer stolz, wenn Spieler, die man über einen längeren Zeitraum begleitet hat, am Ende den Sprung in den Profibereich schaffen und man zumindest einen kleinen Teil dazu beigetragen hat.

Meinen Führungsstil musste ich spätestens ab dem Zeitpunkt überdenken, als ich mein Studio ago.sport gegründet hatte. Denn mit einem Privatkunden konnte ich natürlich nicht so umgehen wie mit einem jugendlichen Eishockeyspieler. Ich musste meine Arbeitsweise anpassen. Ganz umstellen brauchte ich mich aber nicht, denn wer sich einen Privatcoach leistet, erwartet auch eine gewisse Härte, Ausdauer und Disziplin. Und viele, die zu mir kommen, wollen genau das von mir vermittelt bekommen.

Ein autoritärer Führungsstil mag heute aus der Mode gekommen sein. Aber ohne die nötige Ernsthaftigkeit, ohne den richtigen Zug in der Ausbildung wird sich kaum der gewünschte Erfolg einstellen. Das gilt für den zahlenden Kunden genauso wie für den Junghai.

Meine Learnings:

- *In jungen Jahren sollte man sich ausprobieren, in Praktika, Jobs oder auch im Ehrenamt, um zu erkennen, wo seine Stärken liegen und welche Leidenschaft man hat.*
- *Die Kunst ist nicht, zu viele Aufgaben an sich zu reißen, sondern die, die man hat, überzuerfüllen. Das bleibt im Gedächtnis.*
- *Die Methode „Lernen durch Schmerz" funktioniert bei der Bundeswehr, aber im Alltag nur begrenzt. Trotzdem muss Zug, Respekt und Ernsthaftigkeit im Training sein.*

Kapitel 3
Selbst und ständig

So wurde ich zum eigenen Chef

Einer der wegweisendsten Momente in meinem Leben war sicher der Schritt in die Selbständigkeit. Dabei war der gar nicht von langer Hand geplant. Im Gegenteil: Es war eine Gelegenheit, die ich beim Schopf ergriff.

Die Arbeit mit den Mannschaften machte mir Spaß, aber sie war alles andere als lukrativ. Und doch zahlte sich der Einsatz eines Tages ganz besonders aus. Denn ohne meine Rolle als Football-Coach wäre ich nicht an den perfekten Ort für mein Studio gekommen.

Die Halle befand sich in den historischen Abelbauten, die zwischen den Stadionvorwiesen und dem RheinEnergieSTADION stehen. Die Gebäude wurden 1926 vom damaligen Stadtbau-Direktor Adolf Abel erbaut und stehen unter Denkmalschutz. Sie beherbergen das Sportamt und bieten zudem Umkleidemöglichkeiten für Sportler und Raum für sportliche Aktivitäten.

Im ersten Stock hatten von 2004 bis 2007 die Spieler der Cologne Centurions ihren Kraftraum. Das Team aus der NFL Europe hatte fast 50 Spieler unter Vertrag, entsprechend groß mussten die Räumlichkeiten sein. Nach dem Aus des europäischen NFL-Projekts wollte die Stadt den Kraftraum der Öffentlichkeit zur Verfügung stellen – doch das gestaltete sich als schwierig. Immer wieder ging irgendetwas kaputt, oder es gab Ärger mit oder unter den Trainierenden. Das Sportamt suchte also nach einer anderen Lösung und nach jemandem, der die Räumlichkeiten übernahm. Als ich davon hörte, sagte ich forsch: Ich mach das!

Plötzlich zeichnete sich eine Perspektive ab: Mein eigener Chef sein, meine Geschicke selbst in die Hand nehmen – mein eigenes Fitnessstudio! Einen wirklichen Businessplan gab es nicht. Ich saß an meinem Schreibtisch und kritzelte ein paar Zahlen auf ein Blatt Papier. Wie viel kostete mich die Miete? Was brauchte ich zum Leben? Wie viel Training musste ich geben, damit am Ende vom Monat etwas übrigblieb?

Meine Eltern packten tatkräftig mit an, aber das Geschäft wollte ich allein aufziehen. Ich hatte damals keine Ahnung, was auf mich zukommen würde, wie viel Entbehrungen vor mir lagen. Aber ich war bereit für das Abenteuer!

Der Charakter des Studios

Nun kam der nächste schwere Part: Ich brauchte Equipment, verfügte aber eigentlich über kein Investitionskapital. Die Stadt hatte mir von den Vornutzern einiges an Material überlassen, darunter auch ein paar Gewichte und Hantelstangen. Allerdings waren sie in einem bemitleidenswerten Zustand.

Doch davon ließ ich mich nicht aufhalten. Was nicht taugte, landete auf dem Sperrmüll. Und was irgendwie zu gebrauchen war, das brachten wir auf Vordermann. Allerdings bissen wir uns an den verrosteten Gewichten beinahe die Zähne aus. Tagelang bearbeiteten wir sie mit Drahtbürsten, Lappen und Spülwasser, alle waren eingespannt, die Jungs vom Football, meine Eltern, meine Freundin Charlotte und mittendrin natürlich ich.

Weil ich sparsam lebte, hatte ich in meiner Bundeswehr- und Fitness-First-Zeit ein paar Euro auf die hohe Kante legen können. Für ein Equipment, wie man es in den modernen Studios auch schon damals vorfand, reichte das natürlich nicht. Ich musste improvisieren.

So hatte eine Bekannte aus meiner Fitnesstrainerzeit gerade einiges an Ausrüstung abzugeben. Sie hatte ihr Pilates-Studio schließen müssen und bot mir Matten und allerlei Kleinkram aus zweiter Hand an. Diese Sachen sind teilweise ein Dutzend Jahre später immer noch im Einsatz. Und irgendwie macht das auch bis heute den Charme des Studios aus. Es war aufregend, denn wir kamen einem Ort, an dem man vernünftig trainieren konnte, Schritt für Schritt näher.

Es war sicher nicht perfekt, aber gerade weil hier nicht die neuesten Hanteln hingen und die modernsten Maschinen standen, kamen viele Athleten und Hobbysportler gern, und das ist bis heute noch so. Als in den letzten Jahren die spartanisch eingerichteten Crossfit-Studios wie Pilze aus dem Boden schossen, bemerkte ich, dass ich da wohl meiner Zeit voraus gewesen war: Funktionelle Fitness auf einem Topniveau gab und gibt es bei ago.sport seit nunmehr zwölf Jahren. Und der Charakter ist immer gleich geblieben: Im Gym hängen keine Spiegel, keine Uhr, nichts soll vom Sport ablenken. Eine „L'Ackerei" eben, in der Fitness gearbeitet wird.

Immer in Bereitschaft

Auf der anderen Seite hat mein ago.sportklub natürlich einen unschätzbaren Vorteil: seine Lage. Potenzielle Kundschaft wohnt in den umliegenden Vierteln zur Genüge, aus der benachbarten Sporthochschule gelang es mir immer wieder, talentierte und motivierte Mitarbeiter zu rekrutieren. Und beim Training auf das RheinEnergieSTADION zu blicken, das hatte schon immer etwas Besonderes.

Die Investitionskosten mussten aber so gering wie möglich bleiben. Ich führte jeden Monat einen Zettel, wann ich die Miete für meinen Klub eingenommen hatte, dann die für meine Wohnung. Bis ich an den Punkt kam, an dem man etwas hätte zur Seite legen können, war der Monat meistens schon vorbei.

Und so arbeitete ich, rund um die Uhr, Woche für Woche. Weil ich das Studio nicht zumachen wollte, verzichtete ich auf Urlaub – ich hätte ohnehin kein Geld gehabt, um irgendwohin zu fliegen. Insgesamt acht Jahre dauerte es, bis ich mir mit ruhigem Gewissen mal eine

Auszeit gönnte und den Laden ein paar Tage meinen Mitarbeitern überließ.

Einer meiner Vorzüge: Ich war und bin für meine Kunden immer erreichbar. Wer mich zwischen sechs und 23 Uhr anschrieb und eine Frage hatte, der bekam eine Antwort. Das war wichtig, denn wenn einer meinen Support wollte, mich natürlich auch dafür bezahlte, sich zu unserem Weg bekannte, dann bekam er auch jede Unterstützung.

Das ist bis heute so: Egal, mit welchem Problem meine Athleten zu mir kommen, ich versuche für sie eine Lösung zu finden, und meistens gelingt mir das auch. Ich kann das nur schwer ablegen – und manche wissen das ein bisschen zu genau. Dennis Schröder hat beispielsweise die Angewohnheit, mich immer so gegen 22.30 Uhr zu kontaktieren, weil er weiß, dass ich da eigentlich schon im Bett liege, bei ihm in Nordamerika aber vielleicht gerade erst die letzte Trainingseinheit vorüber ist.

Vor kurzem wollte er für die Vorbereitung auf seine Spiele in der NBA eine Gameday-Routine haben. Um kurz nach elf. Die normale Reaktion wäre wohl gewesen: Klar, Dennis, mach ich dir morgen früh gleich als Erstes. Aber es lief so: Ich fragte ihn: „Wann ist das Spiel?" Er antwortete: „In gut zwei Stunden." Das ist Dennis, und genau das ist mein eigener Anspruch. Mein Gehirn war ohnehin schon angesprungen, und so klappte ich meinen Laptop auf und schrieb ihm einen Plan, der ihn optimal durch den Spieltag begleitete.

So hatte ich während meiner ganzen Zeit als Chef von ago.sport nie den klassischen Arbeitstag, sondern lebte das 24/7 eines Selbständigen. Meine einzige Hoffnung war, dass meine Kunden mich am Sonntagnachmittag in Ruhe ließen. Aber auch das klappte längst nicht immer.

Moritz Wagner – laut in die NBA

Dabei muss ich an eine Geschichte von Moritz Wagner denken. Er erzählte mir aus der Zeit, als er noch auf dem College war und von einem Sprung in die NBA und den großen Erfolgen mit der Basketball-Nationalmannschaft nur träumen konnte. Ich fragte ihn, wie man es auf den Zettel der Teams für den kommenden Draft schaffte. War man ein Top-Pick, also einer der Stars der großen Colleges, brauchte man sich nicht sorgen, dann kamen die Clubs. Aber die Spieler aus der zweiten Reihe, die mussten ihr Glück schon selbst in die Hand nehmen.

Moritz ist ein unglaublich energetischer und spektakulärer Spieler, er kann kommunizieren, und so ist er vielen ja auch bei der Weltmeisterschaft aufgefallen. Und diese Attribute hatte er sich bei den Probetrainings, die die Nachwuchstalente bei interessierten Clubs absolvierten, zunutze gemacht. Moritz hatte sich immer überlegt: Wie kann ich den Unterschied machen, bei den Scouts auf den Zettel zu kommen? Denn Basketball spielen konnten alle.

Er nutzte seine Ausstrahlung, war kommunikativ, führte sein Team an, verrichtete die Drecksarbeit, organisierte, gab in jedem Training Energie. Mit Erfolg: Die Los Angeles Lakers drafteten Wagner, drei Jahre später bekam er dann in Orlando seine Chance zu spielen. Und so ähnlich habe ich das damals auch gemacht: Ich gab alle meine Energie, um unter den vielen Trainern, die es vielleicht damals gab, herauszustechen und durch zufriedene Kunden neue Kontakte zu knüpfen.

Alles Geld ins Studio

So langsam kam mein Studio ins Rollen, und ich verdiente zum ersten Mal etwas Geld. Doch alle Überschüsse flossen gleich wieder in ago.sport. Das geht vielen Athleten nicht anders, wie mir zum Beispiel Beachvolleyball-Olympiasieger Julius Brink berichtete. Gerade in den Anfangsjahren flossen die Preisgelder entweder in bessere Ausrüstung, bessere Trainingsbedingungen, einen Physiotherapeuten, in ein Business-Class-Ticket mit mehr Beinfreiheit oder ein anständiges Hotel.

Denn: Der eigene Körper ist das Kapital, der muss gepflegt und auf den Punkt topfit gemacht werden, und da spielen neben dem Training eben auch Regeneration und Ernährung eine entscheidende Rolle. Wir hatten damals auch einige Golfer, bei denen das vielleicht noch ein Stück extremer war. Die Reisen zu den Turnieren waren teuer, die Ausrüstung auch, da freute man sich über jeden Scheck, den man nach einem Wochenende mit nach Hause nahm – um ihn dann in die Vorbereitung für das nächste Event zu stecken.

Mein Geld floss in neue Hanteln, Kettlebells, Kraftmaschinen und Equipment, aber weil das Geld so knapp war, ging ich auch mit meiner Ausrüstung pfleglich um – und so hielt das Zeug lange. Das zweite Invest war das in Mitarbeiter. Sobald ich die Möglichkeit dazu hatte, stellte ich Werksstudenten an und bildete Fitnesstrainer aus. Mit ihrer Hilfe konnte ago.sport wachsen, ohne dass mir die Dinge über den Kopf wuchsen.

Die 50:50-Regelung

Ich hatte viel zu tun in diesen Jahren, und ich habe es bis heute. Aber von Beginn an setzte ich mir eine 50:50-Regel Ich wollte einerseits mit Menschen aus dem „normalen Leben", wollte als Personal Coach mit den verschiedensten Persönlichkeiten arbeiten, Begegnungen erleben, die mich persönlich und menschlich auch weiterbringen. Auf der anderen Seite wollte ich aber auch die Arbeit im Sport, mit den Teams, mit den Spitzenathleten, um sie auf ein Toplevel zu bringen oder vielleicht noch ein Stück darüber hinaus.

Dieser Teil war aber lange eher ein Ehrenamt: So war ich schon während des Studiums und dann für ungefähr acht Jahre Trainer im Football. Mehr als mal ein paar Euro Fahrtgeld oder eine minimale Bezahlung waren da nicht drin. Ähnlich war das bei den Junghaien, die ich ein Jahr lang nahezu kostenfrei betreute. Da bin ich zweimal die Woche nachmittags hingefahren, um den Nachwuchs von 16.30 bis 18 Uhr zu betreuen. Für einen Fitnesstrainer, der Privatkunden betreut und auf Einnahmen angewiesen ist, war das keine leichte Entscheidung – schließlich lag das Training in der Primetime für das Personal Training. Aber für mich war es ein Investment: Mein Ziel war es, auch Fitness-Coach der Profis zu werden und endlich da anzukommen, wo es mich schon lange hinzog – in den Spitzensport.

Ein Vorbild hatte ich nicht, aber ich erkannte instinktiv, dass die Stars nicht von selbst kamen. Ein Leon Draisaitl oder ein Dennis Schröder könnten jeden fragen. Man musste in Vorleistung gehen, zeigen, dass man es draufhatte, musste seine Erfahrungen sammeln. Und das ging nur über diesen Weg.

Diese 50:50-Regel habe ich im Grunde bis heute beibehalten. Denn wenn man mit einer Mannschaft unterwegs ist, teilweise mit dem Nationalteam wochenlang bei der Vorbereitung und dem Turnier, dann kann man zu Hause natürlich keine Stunden geben. Sicher wird das auf dem Niveau auch anständig honoriert, aber ein Tag mit acht Stunden Personal Training bei ago.sport ist natürlich deutlich lukrativer, als unterwegs mit einem Nationalteam zu sein. Doch um nichts in der Welt möchte ich diese Momente und Erfahrungen missen.

Abwechslung als Jungbrunnen

Aber auch die andere Welt wird immer ein Teil von mir bleiben. Denn je diverser deine Kundschaft ist, davon bin ich überzeugt, umso besser wirst du als Coach. Wenn du lange in einer Bubble unterwegs bist, ob nun Basketball, Fußball oder Eishockey, dann sind die Gesprächsthemen oft die gleichen, der Sprachgebrauch, der Umgang miteinander. Das mag für andere Trainer die Erfüllung sein, ich mag die Herausforderung, wenn ich mich einem neuen Umfeld stellen muss, einem neuen Abenteuer. Wenn man raus aus seiner Komfortzone muss, dann wächst man als Coach. Natürlich vermischen sich die Dinge auch. Wenn man morgens um fünf Uhr nach einer Auswärtsfahrt der Haie aus dem Bus aussteigt, dann fragt man sich schon manchmal: Ist das noch Spaß oder nur Job? Aber das gehört dazu, das akzeptiere ich. Denn auf der anderen Seite gibt mir diese Arbeit auch unendlich viel.

Nur so kommt man nach oben: Mutig sein, dranbleiben, nicht durchdrehen, nicht ausbrennen, immer wieder seine Energie sammeln.

Learnings aus der Selbständigkeit

- *Gut Ding will Weile haben: Der „Übernachterfolg" hat zehn Jahre gedauert.*
- *Vertraue dem Prozess, alles wird sich zum Positiven entwickeln, wenn du weiterhin hart arbeitest.*
- *Achte auf dich selbst, mach deinen Sport, nimm dir Auszeiten, es zahlt sich auf lange Sicht aus.*
- *Bau dir ein Team auf. Stärke deine Stärken und suche dir Support für deine Schwachstellen.*

Kapitel 4
Ackern – die Basis des Erfolgs

Nicht am Durchschnitt orientieren

Die Herausforderungen der Selbständigkeit waren mannigfaltig, aber ich nahm mir ein Problem nach dem anderen vor und machte so aus einem Berg von Aufgaben kleine Päckchen, die ich nach und nach lösen konnte. Schon früh hatte ich, auch aus den Erfahrungen von Bundeswehr, Studium und Job, die Erkenntnis gewonnen, dass nur harte Arbeit dich wirklich nach vorne bringt, und jetzt war der Zeitpunkt gekommen, das unter Beweis zu stellen.

Ich wollte in den Profisport, mit den Spitzenathleten arbeiten. Deshalb musste ich herausragen, mich immer wieder neu erfinden, malochen, besser, fleißiger, pünktlicher sein als die anderen. Ich orientierte mich nicht an den Kollegen, die mit mir den Weg in die Branche suchten. Ich wollte besonders sein, und dazu gehört für mich auch, ständig Körper und Geist weiterzuentwickeln. Zum Highperformer wird man nicht ohne Fleiß und Akribie.

Das Gleiche verlange ich heute auch von meinen Athleten, wenn sie sich zur gemeinsamen Arbeit bekennen. Wir wollen etwas Besonderes sein, also orientieren wir uns nicht am Durchschnitt – und wenn, dann nur, um den Abstand größtmöglich zu machen.

Dieser Gedanke kommt mir öfters, wenn ich nach einem Krafttraining bei den Kölner Haien an den Supplement-Schrank gehe und nach dem Magnesium greife. Nur eine Packung pro Tag steht auf den Tütchen. Doch orientiert sich diese Empfehlung ja am Durchschnitt. Nun bin ich mit meinen 1,92 Meter sicher größer als die meisten Deutschen und durch mein Training habe ich auch wesentlich mehr

Muskeln. Ich nehme mir meist drei Pakete. Gerade als Leistungssportler kann und darf man sich nicht am Durchschnitt orientieren. Man muss sich quälen können. Man muss ackern. Auch wenn es manchmal weh tut.

Dominique Heintz und das Hambacher Schloss

Dazu gibt es eine schöne Geschichte aus der Zeit der Covid-19-Pandemie. Einige Spielerberater erkannten, dass man den eigenen Sportlern während des Lockdowns ein Angebot machen musste, damit sie ihr größtes Kapital, ihren Körper, in bestmöglicher Verfassung halten konnten – zusätzlich zum Trainingsprogramm der Vereine. Ich bot also meinen Klienten und einigen Beratern an, ein Programm zu entwickeln, und bald meldeten sich die ersten Interessenten. Mit der Zeit entwickelte sich daraus eine kleine, aber feine Trainingsgruppe um Dominique Heintz und Marco Richter, deren Mitglieder sich vorher teilweise gar nicht kannten, sich nun aber täglich über Zoom trafen und gemeinsam das Trainingsprogramm absolvierten.

Vor allem mit Richter und Heintz stehe ich bis heute in engem Kontakt, ich habe Marcos Weg von Augsburg über Hertha bis jetzt zum FSV Mainz 05 verfolgt, genauso wie ich Dominique Heintz von Freiburg zu Union Berlin wechseln sah und er jetzt hier vor meiner Haustür beim 1. FC Köln spielt. Inzwischen ist daraus eine herzliche, freundschaftliche Zusammenarbeit geworden.

Heintzi war sicher vorbildlich, was die Arbeit neben dem Platz angeht, und eines Tages fragte er mich, ob ich nicht mit ihm ein Trainingslager bei ihm zu Hause machen könnte. Zuhause, das ist in Kirrweiler, einem kleinen Ort südlich von Neustadt an der Weinstraße mit etwas mehr als 2000 Einwohnern. Von dort aus hat es Heintzi über den 1. FC Kaiserslautern bis in die Bundesliga geschafft, und spätestens seitdem ist Dominique der König in der schmucken Gemeinde – und ein bisschen benimmt er sich auch so. Gleich gegenüber von seinem Haus liegt der Sportplatz, an dem auch ein Schild mit seinem Namen hängt. Der Rasen trägt zwar noch nicht seinen Namen, aber Heintzi hat dem C-Ligisten ein wenig unter die Arme gegriffen, und der Dank ist ihm sicher. Jedenfalls war das unser Trainingsplatz für die nächsten Tage.

Ich hatte ihm ein straffes Programm mitgebracht. Zweimal am Tag trainierten wir auf dem Platz, machten Läufe, Übungen mit dem Ball. Dann sind wir in den Fitnessraum gegangen und haben dort weitertrainiert. Drei, vier Tage ging das so, und während wir trainierten, fiel mein Blick immer wieder auf das schöne Hambacher Schloss, das über dem Ort thronte. „Heintzi, zum Abschluss laufen wir da rauf", sagte ich gleich am ersten Tag. Aber das hat er geflissentlich überhört. Auch als ich es am zweiten und dritten Tag wiederholte, nahm Dominique mich nicht für voll. „Das ist zu weit, da will ich nicht hin …"

Am letzten Tag hatten wir nur noch eine Trainingseinheit geplant und wollten dann zusammen essen gehen. Als Heintzi sich fertig machen wollte, sah ich ihn an. „Weißt du, dass wir vorher noch auf die Burg müssen?" Er widersprach: „Das muss jetzt nicht sein. Wir haben gut trainiert, lass uns essen gehen!" Aber ich begann, meine Laufsachen anzuziehen. „Auf jetzt! Es ist nicht weit."

Acht Kilometer waren es bis zu dem geschichtsträchtigen Ort, an dem sich 1832 fast 30 000 Menschen versammelten, um für ein geeintes Deutschland, politische Grundrechte und ein solidarisches Europa einzutreten – für viele die Geburtsstunde der Demokratie in diesem Land.

Doch Heintzi hatte an diesem Tag wenig mit Geschichte am Hut, er hatte Hunger, seine Familie wartete, und überhaupt kämpfte er mit der Motivation. „Nein, auf keinen Fall!" Aber er hatte die Rechnung ohne mich gemacht. Ich saß im Laufdress im Wohnzimmer, die Diskussion ging hin und her. Heintzi war genervt, seine Frau war genervt, aber ich blieb stur: „Ich fahre erst nach Hause, wenn wir da oben auf diesen Scheißberg gelaufen sind." Er war offensichtlich bereit, das auszuhalten, und machte keine Anstalten, sich umzuziehen.

Ich wechselte meinen Platz vom Sofa vor die Haustür und weigerte mich strikt nachzugeben: „Nein, wir machen das jetzt hier."

Schließlich fuhr seine Frau mit dem ältesten Kind alleine zum Schloss hinauf, und nach zwei Stunden Diskussion bekam ich meinen Willen: Heintzi kam mit. Auf den ersten Metern war die Stimmung zwischen uns ziemlich eisig. Aber ich habe ihn gepusht und unterwegs ein paar Faxen gemacht und Fotos geschossen. Als wir oben standen, war auch Heintzi stolz, dass er es nach den harten Trainingstagen geschafft hatte.

Der Kampf mit dem inneren Schweinehund

Auch wenn sich das jetzt lustig liest: Das war schon ein Ritt auf der Rasierklinge, denn am Ende, wenn er sich komplett verweigert hätte, das wussten wir beide, hätte ich unverrichteter Dinge abreisen müssen. Aber ich glaube, das ist einer der wesentlichen Aspekte des Coachings: Wenn man von etwas überzeugt ist, wenn man sicher ist, dass das Ergebnis nicht nur gut ist, sondern auch das Richtige, dann muss man als Coach das Risiko eingehen. Das ist wie mit allen Dingen im Leben: Wenn man sich vorher nicht so sicher ist, ob man es schafft, egal ob es ein Marathon oder nur ein Fünf-Kilometer-Lauf ist, wenn man weiß, dass es wehtun wird, wenn man im Ziel völlig erschöpft ist, dann ist man im Nachhinein unheimlich stolz auf das, was man geschafft hat. Man hat den inneren Schweinehund überwunden, die eigenen Grenzen gesprengt. Der Tag hat einen weitergebracht, nach vorne, das sind Momente, an die man sich immer wieder gerne erinnert.

Solche Tage gibt es in jedem Trainingslager, vor allem im Sommer, wenn im Fußball, Basketball oder Eishockey die Saisonvorbereitung läuft. Immer wieder gibt es diese Einheit, die den Profis alles abverlangt, den Tag, an dem sie ihren Trainer hassen und noch am nächsten Tag in jeder Faser spüren, welcher Belastung sie ausgesetzt waren. Aber dieser Moment schweißt zusammen. Ich glaube, dass es wichtig ist, dass man als Trainer und als Team, als Gruppe, als Trainer und Athlet durch solche Momente, durch solche Schweineeinheiten geht. Denn die Erinnerungen daran kann man auch während der Saison als positive Motivation nutzen, wenn es zum Beispiel darum geht, schwierige Phasen oder Rückstände zu überwinden. „Wisst ihr noch, was ihr gemeinsam geschafft habt …" Dann erinnert sich jeder Spieler und kämpft vielleicht noch ein bisschen mehr, um den Rückstand aufzuholen oder dem Angstgegner Paroli zu bieten.

Was für den Sportler eine Qual ist, ist natürlich auch für den Trainer kein Vergnügen. Es ist nicht schön, wenn man bei einem Bundesligaprofi zu Hause sitzt und die ganze Familie durch seine Sturheit auf die Palme bringt. Alle haben mich gehasst, alle haben gedacht: Was will der Vollidiot, lass uns einfach essen gehen.

Aber da muss man durch, weil man sich in dem Moment entscheiden muss: Willst du es jetzt aushalten, wenn es unangenehm ist, oder später, wenn du bereust, dass du etwas nicht getan hast? Ich war in dem Moment fest davon überzeugt, dass es Heintzi helfen würde, aus seiner Komfortzone herauszukommen. Spätestens am nächsten Morgen, wenn er aus dem Bett aufstehen würde, würde er seine Oberschenkelrückseite spüren, und sie würde ihn daran erinnern, dass er etwas getan hat, wozu er sich alleine wahrscheinlich nicht hätte durchringen können. Und ich bin mir sicher, dass er diesen Muskelkater wie eine kleine Trophäe getragen hat. Ich glaube, es ist ganz wichtig, dass man das durchsteht. Denn man muss raus aus der Komfortzone. Das klingt jetzt etwas plump. Aber in dieser Zone gibt es kein Wachstum. Man muss sich immer wieder herausfordern, um vorwärtszukommen.

An der Spitze wird die Luft dünn

Die Schwierigkeit im Spitzensport ist: Je höher man kommt, desto dünner wird die Luft, um noch schneller, noch stärker, noch besser zu werden. Es kann sogar sein, dass das ganze Umfeld dort, wohin man es geschafft hat, zufrieden ist. Genau dann gilt es, sich noch einmal zu pushen, zu quälen, weiter nach oben zu arbeiten. Dann wird es für unsere Sporthelden einsam. Denn das liegt nicht in jedermanns Natur.

Es ist für den Normalbürger völlig in Ordnung, wenn er ein Maß an Zufriedenheit erreicht und dort ein schönes Leben führt. Es ist auch in Ordnung, dass viele junge Leute heute auf die Work-Life-Balance achten. Aber wenn man ganz nach oben will, wenn man an die Spitze will, dann geht das nur, wenn man immer wieder über sich hinauswächst. Heintzi ist bei diesem Lauf auf das Hambacher Schloss aus seiner Komfortzone herausgegangen – und ich weiß, dass er sich danach auch gut gefühlt hat und dass es ihm für seine Fitness etwas gebracht hat.

So hebt man sich vom Durchschnitt ab. Aber wenn das gelingen soll, dann muss man härter daran arbeiten. Und wenn man es als Sportler oder auch als Unternehmer oder Führungskraft an die Spitze geschafft hat, muss man weiter investieren, um den Vorsprung auszubauen und gegebenenfalls neue Herausforderer auf Distanz zu halten. Harte Arbeit ist die Grundlage allen Erfolgs. Gerade im Profisport bleibt keine Zeit zum Ausruhen, wer dauerhaft erfolgreich sein will, für den ist der Tag nach dem Triumph der erste Tag vor der nächsten Herausforderung.

Meine Learnings:

- *Ohne harte Arbeit geht's nicht: Beim Training muss man die Komfortzone verlassen.*
- *Wer sagt, dass es eine Abkürzung gibt, dass es einfach geht, der lügt.*
- *Die Kunst der kleinen Schritte: Consistency is key. Langsamer, nachhaltiger Fortschritt ist der Schlüssel.*

Kapitel 5
Becoming a Pro

Amateure

Die Geschichte mit Dominique Heintz spielte sich gegen Ende der Coronapandemie ab. An eine Arbeit mit Bundesliga-Profis war zehn Jahre zuvor noch nicht wirklich zu denken. Ich kämpfte täglich ums wirtschaftliche Überleben, lebte von der Hand in den Mund, geschäftlich, aber auch privat, denn ich gönnte mir kaum Auszeiten, war im Grunde 24/7 für die Athleten da, die mir schon früh in meiner Karriere ihr Vertrauen entgegenbrachten, dass ich sie zu einem besseren Sportler machen konnte.

Erstmal musste ich mein Personal-Training-Angebot etablieren und mir einen Kundenstamm aufbauen. Nebenher bastelte ich aber an meinem zweiten Standbein, der Arbeit mit den Athleten. Das war anfangs gar nicht so einfach. Viele Fußballer, Eishockey- oder Basketballspieler dachten, mit der täglichen Trainingsarbeit im Verein sei es getan, die meisten gingen nur selten und dann wahrscheinlich ziemlich widerwillig noch eine Runde in den Kraftraum.

Ich tobte mich also bei anderen Sportlern aus. Judoka, Fechter, die Jungs vom American Football, viele, die über die nahegelegene Sporthochschule den Weg zu mir fanden, wurden von mir trainiert. Allerdings waren das alles Randsportarten, die Sportler waren meist froh, ihr Studium und den Sport finanziert zu bekommen, für einen teuren Fitnesscoach war da kein Geld übrig. Sie waren mir furchtbar dankbar, und es machte großen Spaß, aber mir war relativ schnell bewusst, dass das in der Form kein funktionierendes Geschäftsmodell sein kann. Allerdings habe ich sehr viel gelernt, gerade die Judokas fuhren einen sehr hohen Trainingsaufwand und waren neben dem Sport entweder an der Uni oder bei der Bundeswehr oder Bundespolizei – ein wahres Mammutprogramm.

Vor diesen Sportlern kann man nur größten Respekt haben. Denn der Aufwand, den sie für eine wenig populäre Sportart betreiben, ist beachtlich. Individualsportler kommen meist auf rund elf Einheiten in der Woche, deutlich mehr als beispielsweise Bundesliga-Fußballer, die neben dem Spiel und der regenerativen Einheit auf fünf, vielleicht sechs Trainings während der laufenden Saison kommen. Diese Kampfsportler aber stehen früh am Morgen auf, um schon die erste Einheit zu absolvieren, dann geht es zur Arbeit. Kommt man dann nach dem Dienst nach Hause, wird die Uniform mit den Sportklamotten getauscht, und man steht wieder auf der Matte, im Ring oder der Planche. Man konnte sich da viel abschauen, was Hingabe, strukturierte Lebensführung, Bereitschaft zum Verzicht und viele andere Dinge anging. Allerdings waren das alles natürlich Amateure.

Plötzlich im Haifischbecken

Doch mich zog es in den Profisport, und die Kölner Haie gaben mir 2016 die Chance dazu. Das war für mich ein großer Schritt, auf den ich lange hingearbeitet habe, vor dem ich aber auch großen Respekt hatte.

An meinem ersten Tag führte mich der damalige Geschäftsführer Peter Schönberger durch die Trainingshalle bis zum Trainerbüro. Da saß Chefcoach Niklas Sundblad, ein Schwede, der aber nach langen Jahren in der DEL Deutsch sprach. Er begrüßte mich, fragte mich dann nach meiner Arbeit bei den Junghaien und nach meiner Trainingsphilosophie aus. Sundblad war ein Fan des Krafttrainings – da war er bei mir an der richtigen Adresse.

Damals spielte bei den Haien noch Mirko Lüdemann, bis heute Rekordspieler der DEL und der Haie sowieso, eine echte Legende des deutschen Eishockeys. Moritz Müller, Kapitän unserer Silberhelden bei der Eishockey-Weltmeisterschaft, war auch schon ein Hai, Niklas Sundblad der Cheftrainer. Alle verdienten ihren Lebensunterhalt mit dem Sport, die Spieler kamen zum Teil aus der NHL, hatten dort schon viel Geld verdient und taten das auch hier.

Ich unterschrieb meinen ersten Vertrag. Wirklich lukrativ war der nicht, zumal ich ja plötzlich meine Vormittage an der Gummersbacher Straße und nicht mehr in meinem Studio verbrachte. Ich musste meinen Job neu planen.

Anfangs war noch die Frage, ob ich das Team überhaupt zu Auswärtsspielen begleiten sollte. Doch für mich ergab das Sinn. Ich wollte Profi sein, Teil des Teams, und Arbeit gab es genug. Aber auch das forderte viel Zeit, die ich nicht mehr für das Studio hatte.

Zudem war da das Sprachproblem: In der Trainerkabine sprachen Sundblad, sein Co-Trainer Petri Liimatainen und der für die Torhüter zuständige Jonas Forsberg ausschließlich Schwedisch, im Training wurde ausschließlich Englisch gesprochen, auch die meisten Spieler sprachen nur Englisch – und mir wurde schmerzlich klar, dass ich da aus meiner wenig berauschenden Schulzeit doch noch einige Defizite mit mir rumschleppte.

Neue Coaching-Skills

Die ersten Monate waren für mich extrem lehrreich. Ich war der Newcomer, erst 30 Jahre alt, aber ich zwang mich, mir darüber keine großen Gedanken zu machen. Das war gar nicht so einfach, denn es gab Spieler wie eben Lüdemann, die mit Ende 30 schon deutlich älter waren als ich. Da passte meine Harter-Hund-Attitüde aus dem American-Football-Coaching nicht. Ich musste also versuchen, kooperativer, kommunikativer, serviceorientierterter mit den Spielern zu arbeiten.

Aber zunächst musste ich mich behaupten. In den ersten Tagen der Vorbereitung trudeln die Spieler eher so nach und nach ein, haben unterschiedliche Programme, ehe es ins Camp geht. Ich versuchte, mich zurechtzufinden. Eines Morgens kam ich in den Kraftraum, wo

Nationalspieler Philip Gogulla auf dem Laufband stand. Ich wollte die Gelegenheit zum Kennenlernen nutzen. „Hi, ich bin Arne, der neue Fitnesstrainer.“ Gogulla würdigte mich kaum eines Blickes. „Das ist schön für dich! Ich bin der Gugi und brauche eh nichts von dir, ich mache mir hier mein eigenes Ding.“

Ich war für einen Moment irritiert, beschloss mir aber nichts anmerken zu lassen und den Spruch ein bisschen gegen ihn zu verwenden. Als wir mit dem Teamtraining starteten, wandte ich mich in der Kabine an ihn. „Gugi, ich weiß, du machst hier dein eigenes Ding, aber wir würden dann um 9.30 Uhr mit dem Warm-up starten.“ Und: „Klar, du machst dein Ding, aber ich habe hier schonmal einen Proteinshake gemixt, falls du den gern trinken würdest …“

Instinktiv hatte ich gespürt, wie man mit ihm umgehen musste. Heute verstehen wir uns super, ich war auf seiner Hochzeit eingeladen. Jeder Spieler, jeder Kunde ist anders und du musst einen Weg finden, wie man mit ihm am besten arbeitet. Das war eines der Dinge, die mir in der Anfangszeit bei den Haien noch einmal deutlicher vor Augen geführt wurden.

Die Entwicklung meines Führungsstils war allerdings ein Prozess, der unmittelbar mit der Gründung meines Studios eingesetzt hatte. Das Führen durch Angst, Druck und Disziplin kam zeitnah an seine Grenzen.

Relativ früh bekam ich die Gelegenheit, die Damen von Rot-Weiß Köln zu trainieren. Unter den Amateurmannschaften, die ich damals betreute, war das wohl die ambitionierteste. Sie waren Deutscher Meister im Feldhockey, einige Nationalspielerinnen waren darunter, sie nahmen ihren Sport sehr ernst. Allerdings konnte man mit ihnen nicht so umgehen wie mit einem Mick Köhler oder einem jungen Footballer, da brauchte es ein ganzes Stück mehr Fingerspitzengefühl, um die Spielerinnen während des Trainings als Coach nicht zu verlieren.

Auch bei den Haie-Spielern wäre ein allzu großspuriger Auftritt wohl eher kontraproduktiv gewesen. Ich wählte einen anderen Ansatz: Ich setzte für mich die Ansprüche sehr hoch, damit auch die Spieler sich in der Verantwortung fühlten, dem gerecht zu werden.

Ich hatte mich weiterentwickelt – was mir im Umgang auch mit großen Stars half.

Drei eiserne Coaching-Regeln

- *Sicherheit hat oberste Priorität, keine Verletzungen im Kraftraum.*
- *Qualität geht im Training über Quantität.*
- *Trainiere deine Athleten, setze einen überschwelligen Reiz, aber „zerstöre" sie nicht, das kann jeder, es ist aber nicht zielführend.*

Keine Angst vor großen Namen

Fast zeitgleich kam ich 2017 zur Basketball-Nationalmannschaft. Es war eine große Ehre für mich, das DBB-Team bei Länderspielen, Lehrgängen und großen Turnieren zu betreuen. Arne Woltmann, damals Coach bei den RheinStars in Köln und der A2-Nationalmannschaft hatte mich zum DBB gelotst. Denen gefiel meine Arbeit bei der „zweiten Mannschaft" offenbar so gut, dass sie mich irgendwann fragten, ob ich mir auch mehr vorstellen könnte. Ich zögerte nicht lange und schlug ein.

Ziemlich schnell stand die Europameisterschaft in Israel vor der Tür. Ich bekam mit, wie im Stab darüber gesprochen wurde, welche Spieler im Sommer dabei sein würden. Das waren schon klangvolle Namen: Dennis Schröder, Daniel Theis, Maxi Kleber, ein Supertalent wie Isaiah Hartenstein. Natürlich wurde im Trainerstab diskutiert, was die alle verdienen, und plötzlich waren Summen im Raum, die auch mich beeindruckten. Nicht, dass ich jemanden um sein Geld beneidet hätte. Vielmehr war ich fast ehrfürchtig und stolz, dass mir der Deutsche Basketball Bund und das Cheftrainerteam solche Stars anvertrauten, um mit ihnen zu arbeiten.

Ich hatte die Verantwortung, diese Profis fit zu machen, und mir schoss der Gedanke durch den Kopf: Was ist, wenn einer umknickt oder sich sonst wie verletzt? Solche Gedanken ließ ich mir nicht anmerken. Im Gegenteil: Ich legte eine selbstbewusste Haltung an den Tag, ganz nach dem Sprichwort: „Fake it, till you make it."

Ich tat so, als gäbe es keinen Unterschied zwischen den Nationalspielern und den Fechtern, Judokas oder Fußballern, mit denen ich in Köln arbeitete. Ich tat so, als hätte ich nie etwas anderes gemacht, als wäre es das Normalste der Welt, mit NBA-Stars zu arbeiten, die bei ihren Vereinen zweistellige Millionenbeträge im Jahr verdienten.

Ich habe sie genauso behandelt wie jeden anderen Sportler, und das war letztlich auch ein Schlüssel zu meinem Erfolg: „Keine Angst vor großen Namen" ist auch so ein Lebensmotto, das ich in meiner täglichen Arbeit mit Leben gefüllt habe. Es gab auch keine Sonderbehandlung für mich. Ich war für eine Mannschaft verantwortlich und nicht für einen einzelnen Spieler.

Das finde ich unheimlich wichtig, denn man kennt das ja: Egal mit welcher Mannschaft man unterwegs ist, der Star betritt die Bühne, und dann schwirren alle um den vermeintlichen Anführer wie die Motten um das Licht. Trainer, Stab, Betreuer, sogar die Mitspieler, vor allem aber die Medien haben nur den einen im Blick, wollen die Aufmerksamkeit von Dennis Schröder oder Franz Wagner.

Ich habe mir schon früh angewöhnt, mich in solchen Phasen um die vermeintlich weniger wichtigen Spieler zu kümmern, die oft am Rande des Geschehens stehen. In diesen Gesprächen bekommt man ein gutes Gefühl dafür, was in der Breite des Kaders los ist, und die Jungs danken es dir auch, indem sie anständig mitziehen, auch wenn die Startformation vielleicht noch ein ganzes Stück außer Reichweite ist.

Ich glaube, so ein Verhalten schätzen nicht nur die Arbeiter im Team, sondern auch die Leistungsträger, denn es zahlt sich für die Gruppe aus. Gerade Dennis Schröder ist einer, der das spürt. Der DBB-Kapitän hat auf der einen Seite dieses selbstbewusste Auftreten, manchmal auch ein bisschen frech, aber das akzeptiert er nach all den Jahren auf dem Court auch bei anderen. Denn Dennis weiß, was es heißt, sich durchsetzen zu müssen. Er hat ein unglaubliches

Basketballtalent, ist aber mit 1,85 Meter für einen NBA-Profi nicht gerade groß. Das hat er immer mit Persönlichkeit wettgemacht und nie Angst vor großen Namen gehabt. Jetzt, wo er längst ein Superstar ist, verlangt er zwar Respekt, aber nie eine Sonderbehandlung.

Die Zusammensetzung eines Teams

Leader: *Der Anführer des Teams, der die Mannschaft führt, ihr Struktur gibt, sie nach außen repräsentiert. Muss nicht zwingend der beste Spieler im Team sein. Nicht mehr als drei oder vier pro Team.*

Skill Player: *Spieler mit außergewöhnlichen Fähigkeiten, die ein Spiel zu deinen Gunsten beeinflussen können. Wir erinnern uns an Gordon Herberts Rennpferde. Ein Mittelstürmer wird an seinen Toren gemessen – an nichts anderem.*

Glue Guys: *Schlüsselspieler, die gut mit Trainer und anderen Spielern können. Oft mit anderer Nationalität, die hart arbeiten, die auch mal unangenehme Dinge ansprechen.*

Tough Guys: *Spieler wie Sergio Ramos, Typen, die mal dazwischenhauen, die harte Defense spielen.*

Rookies: *Junge Spieler, die gerade hochkommen, die in der Nahrungskette noch ganz unten stehen. Die können sportlich schon sehr stark sein, aber in der Hierarchie stehen sie noch unten.*

Eine Lehrstunde von Dennis Schröder

Ein echtes Spektakel sind die Besuche von Dennis Schröder in Braunschweig, wo er Teilhaber seines ehemaligen Vereins Braunschweig Lions ist. Die Trainingshalle wird nicht nur von den Basketballprofis genutzt, sondern verwandelt sich nach dem Training in einen „Open Court“, den Kinder und Jugendliche nach der Schule bevölkern. Hier eifern sie ihren großen Vorbildern nach, die es in die NBA geschafft haben und gemeinsam Weltmeister wurden. Es sind oft Kinder aus einfachen Verhältnissen, aber sie haben Spaß.

Wenn Dennis in seinem Wagen vorfährt, gibt es immer ein großes Hallo. Ein paar Kids tragen seine Taschen in die Halle, während Schröder die Jugendlichen begrüßt – persönlich und von Angesicht zu Angesicht. Er kennt die Namen der Kinder, hat mit einigen ein Begrüßungsritual, ist nahbar wie nur wenige Stars dieser Kategorie. Meist dauert es eine Viertelstunde, bis auch er jeden mit seinem persönlichen Handschlag begrüßt hat.

In der Halle wird dann schnell eine Spielfeldhälfte freigeräumt, damit Schröder vernünftig trainieren kann, daneben duellieren sich die Kids beim drei gegen drei oder ähnlichen Spielen. Eines Tages fiel mir während der 90 Minuten immer wieder ein größerer Junge auf, der oberkörperfrei spielte und seine Gegenspieler auch verbal unter Druck setzte. Sein Trash-Talk war in der ganzen Halle zu hören.

Dennis ließ sich davon nicht stören und zog sein Training durch. Als wir fertig waren, packte ich meine Sachen zusammen, und wir gingen Richtung Ausgang – dachte ich. Aber Dennis blieb bei der Gruppe stehen. „Darf ich mitspielen?“, fragte er die Jungs. Sie nickten in einer Mischung aus Ehrfurcht und Aufregung. Dann blickte Schröder den Trash-Talker direkt an: „Ich spiele gegen dich.“ Der Junge schluckte. Es kam, wie es kommen musste: Schröder servierte den eben noch so lauten Nachwuchsspieler nach allen Regeln der Kunst ab. Wenn der Junge an ihm vorbei wollte, verteidigte er hart und machte immer wieder mit einem lauten „Nein!“ deutlich, dass es für seinen Gegenspieler kein Durchkommen gab.

Von dessen lauten Sprüchen war nichts mehr zu hören, die anderen Jungs grinsten. Schröder dunkte oder warf direkt über ihn hinweg und ließ ihm keine Chance. Als sie fertig waren, nahm Schröder seinen Gegner zur Seite und umarmte ihn. „Ich habe nichts dagegen, wenn einer so spielt wie du. Du darfst laut sein, du darfst frech sein, du darfst auch mal ein paar Sprüche klopfen. Wenn das deine Art zu spielen ist, dann ist das in Ordnung. Aber nicht nur gegen die Kleinen, das kann jeder. Dann musst du das auch gegen mich machen.“

Nicht nur die jungen Basketballer waren beeindruckt. Ich auch. Denn „Keine Angst vor großen Namen“ ist nicht nur auf dem Spielfeld, sondern auch als Trainer einer Profimannschaft eine entscheidende Eigenschaft. Gerade als Newcomer war mir klar: Wenn ich jetzt hier vor Ehrfurcht erstarre, werden mich die Schröders, Theis' und Wagners dieser Welt nie ernst nehmen. Aber mir war auch klar: Wenn ich große Sprüche klopfen will – und das tue ich gerne –, dann muss ich die Häuptlinge wie die Indianer angreifen, denn alles andere ist schwach.

„Dennis, regnet es?"

Dennis ist eben einer, der von anderen ein selbstbewusstes Auftreten erwartet. Profis, die sich im Haifischbecken NBA durchsetzen, respektieren es, wenn man sich und seine Rolle einschätzen kann. Wenn die Spieler sehen, dass man jemanden bevorzugt behandelt, gibt es Irritationen.

Der zentrale Punkt ist hier die Authentizität. Man muss bei sich bleiben und darf sich nicht verstellen. Wenn man ein Typ wie ich ist, der auch im Training gerne mal Sprüche klopft und dummes Zeug labert, dann darf man das nicht nur bei den schwachen Spielern machen, sondern muss auch Dennis Paroli bieten.

Ich erinnere mich an eine Situation, als Dennis, der im Training gerne eine Mütze trägt, mit einer DBB-Jacke kam und die Kapuze noch über der Mütze trug. Das sah verboten aus. Alle schauten ihn an, aber mir rutschte der Kommentar heraus, während ich vorspielte, ein Loch in der Hallendecke zu suchen: „Sag mal Dennis, regnet es hier?", fragte ich etwas provokant. Er fand das im ersten Moment gar nicht lustig, die anderen schon, glaube ich. Er hat es mir nicht übelgenommen, denn ich bin davon überzeugt, dass genau so etwas einen Star beim Team hält und das Team bei seinem Star.

Kapitel 6
Der Weg ist das Ziel

Die ersten Erfolge

Eine zentrale Motivation für meine Arbeit war sicherlich, dass man als Coach in der Arbeit mit Sportlern oder auch mit Privatkunden Ergebnisse erzielen, Titel holen, Erfolge feiern kann – eben ergebnisorientierte Ziele hat. Man muss aber auch zugeben: Es kann nicht alles klappen, Dinge gehen schief, Spiele gehen verloren, Ziele werden nicht erreicht. Es gibt keine Erfolgsgarantie.

Nur weil ich motiviert bin, die gemeinsamen Ziele zu erreichen, muss das noch lange nicht für den Sportler oder für den Privatkunden gelten. Es kann viele Gründe geben, warum man vom gemeinsam besprochenen Weg abweicht – und dann ist auch klar, dass die Ergebnisse am Ende nicht so sind, wie man sich das vielleicht vorgestellt hat.

Es ist auch nicht so, dass Sportlerkarrieren immer linear verlaufen – ganz im Gegenteil. Das berühmteste Beispiel ist sicher Tom Brady, bei dem es lange nicht so aussah, als würde er einmal als GOAT („Greatest of all time"), als größter Quarterback aller Zeiten, die Bühne des American Football verlassen. Im Gegenteil: An der High School in San Francisco schaffte er es nicht einmal in die Startformation eines Verliererteams, das keinen einzigen Touchdown erzielte. Viele rieten ihm zum Baseball, doch der kleine Tommy wollte Football spielen und damit aus dem Schatten seiner großen, sportlich erfolgreichen Schwestern treten. Schon früh legte Brady eine unglaubliche Akribie an den Tag, war immer der Erste im Trainingsraum, ernährte sich gesund, verfolgte unbeirrbar sein Ziel – und behielt diese Einstellung bei, bis er 2023 im Alter von 45 Jahren und nach sieben Super-Bowl-Siegen seine Karriere beendete.

Diese Geschichten gibt es immer wieder, auch die von Marco Reus, der den Umweg über LR Ahlen und Borussia Mönchengladbach nehmen musste, bevor er Borussia Dortmund zu zwei Pokalsiegen und ins Champions-League-Finale führte. Selbst Leo Messi galt als Kind als zu klein für eine Fußballkarriere – auch der argentinische Weltmeister von 2022 gilt vielen als GOAT seines Sports.

Meine ersten Erfolge hatte ich relativ früh im Mannschaftssport, 2007 gewannen wir mit den Cologne Falcons die deutsche Jugendmeisterschaft, 2008 wurde „meine" U19 Europameister im American Football. Für mich war das eine große Sache, aber ganz ehrlich: Football war damals im Vergleich zu heute noch eine ganz kleine Nummer, und so hat das natürlich niemanden interessiert.

Aber ich hatte einen Meister-Ring gewonnen und einen großen Pokal in der Hand – und ich dachte, so geht es weiter. Und dann kam – nichts. Gar nichts. Das ist vielleicht nicht relevant, weil es nichts mit der Qualität meiner Arbeit zu tun hat, aber es hilft, die Dinge einzuordnen. Gerade nach diesem Jahr, wo ich mit EM-Bronze und WM-Gold im Basketball und dann noch WM-Silber im Eishockey reichlich Edelmetall um den Hals baumeln hatte.

Die Verletzung des Haie-Stars

Mein Anspruch an mich selbst war schon immer hoch. Aber mit meinem Wechsel zu den Kölner Haien hat sich etwas verändert. Nicht nur das Gehalt, sondern natürlich auch der Anspruch und die Erwartungshaltung sind mit der Aufgabe gewachsen. Es waren mehr Spieler, es war mehr Geld im Spiel, der Druck, etwas Positives zu erreichen, war ein ganz anderer. Es war eben Profisport.

Wir hatten dort mit Niklas Sundblad einen schwedischen Trainer, der es liebte, im Kraftraum zu schuften. Er wollte immer, dass wir hart und intensiv trainieren. Das kam mir grundsätzlich sehr entgegen und passte zu meinem Stil. Das Problem: Die Spieler vertrugen es nicht. Sundblad setzte immer wieder harte Einheiten auf dem Eis an, dazu schwitzten die Spieler im Kraftraum, das war offenbar zu viel. Wir haben schnell gemerkt, dass das auf Dauer nicht gut ist. Im Sommer 2015 landeten die Haie einen vermeintlichen Transfercoup und verkündeten die Verpflichtung von Per Åslund. Der Schwede von Färjestad BK galt als Topverpflichtung. Er war ein ruhiger Typ, der mit Ende 20 erstmals die schwedische Topliga verließ, um bei uns sein Glück zu versuchen. Er war kaum beim KEC, da verletzte sich Åslund im Kraftraum. Er hatte wohl zu viel Gewicht bei einer Split Squat, klagte danach über Schmerzen im Hüftbeuger und ging zum Physiotherapeuten. Åslund war verletzt und fiel fast zwei Wochen aus.

Für mich war das ein echter Nackenschlag. Ich nahm es mir unglaublich zu Herzen, dass ausgerechnet in meinem Training so eine Verletzung passierte. Aber irgendwie hatte es mit Åslund und den Haien sowieso nicht so richtig gepasst. Nach nur einem Jahr kehrte er nach Schweden zurück, wo er mit Färjestad 2023 erneut schwedischer Meister wurde und im Alter von 36 Jahren zum wertvollsten Spieler der schwedischen Playoffs gewählt wurde.

Doch damals kam die Verletzung zur Unzeit, und die Kommentare waren entsprechend. Zum Glück ist mir das seither nicht mehr passiert, und heute kann ich die Situation besser einordnen: Ich hatte kein Gewicht bestimmt, das hatte der Schwede selbst ausgewählt. Wenn 25 Spieler zusammen trainieren, im Kraftraum, auf dem Eis, wenn sie im Spiel auf andere Gegner treffen, dann passieren Unfälle, dann passieren Verletzungen.

Ebenfalls in meiner ersten Saison kam Coach Sundblad auf die Idee, die Warm-up-Routine zu ändern, und schlug vor, auf dem Parkplatz mit dem Football ein Aufwärmprogramm zu absolvieren. Die Spieler hatten Spaß, doch plötzlich humpelte Mirko Lüdemann. Der Kapitän hatte sich eine Leistenzerrung zugezogen und fiel für das Spiel aus. „Was, spiele ich hier auch Football?“, motzte Lüde mich an. Ich konnte das schlecht auf den Chef schieben, musste also mit seinem Zorn leben und schleppte das noch einige Zeit mit mir herum.

Wie geht man mit diesen Situationen um? Ich habe eine Weile gebraucht, um das zu verarbeiten. Aber ich habe daraus gelernt, noch gewissenhafter zu arbeiten. Immer wieder ging ich meine Trainingspläne durch. Denn das Wichtigste ist, sicher zu trainieren, nicht nur im Kraftraum. Das heißt, die Übungen so auszuwählen, dass man ein maximales Ergebnis erzielt, aber das Verletzungsrisiko minimiert.

Das Auf und Ab der Emotionen

Eine Herausforderung ist natürlich, dass gerade im Leistungssport, vor allem auch in einem Mannschaftssport mit ständigen Spielen, die Arbeit immer an Ergebnissen gemessen wird. Das hat oft auch seine Berechtigung. Aber es gibt eben auch Tage, da spielt man gegen einen Gegner nach der regulären Spielzeit vielleicht 0:0, schießt auch in der Verlängerung kein Tor und verliert im Elfmeterschießen mit 0:1. Dann hat man auf dem Papier eine Niederlage erlitten. Aber wie sieht es mit dem Entwicklungsprozess aus, wenn man einem vermeintlich stärkeren Gegner vielleicht lange Paroli geboten hat? Kann man einem solchen Spiel etwas Positives abgewinnen?

Heute sage ich: Natürlich. Aber damals war mir das noch nicht klar. Mein Gemütszustand am Wochenende hing meistens davon ab, wie wir gespielt hatten. Im Eishockey spielt man bis zu dreimal in der Woche, das war manchmal ein ganz schönes Auf und Ab, von himmelhochjauchzend bis zu Tode betrübt. Wenn wir gewonnen hatten, hatte sich meine Arbeit gelohnt. Verloren wir aber, vielleicht sogar zwei-, dreimal hintereinander, wurde alles infrage gestellt, und natürlich stellte ich auch meine Arbeit infrage.

Heute habe ich mich von der ergebnisabhängigen Sichtweise verabschiedet. Ich sehe ein Spiel ganz anders als ein Cheftrainer, für den es ja viel mehr um Sieg oder Niederlage geht, der in seiner Rolle natürlich auch unter einem ganz anderen Druck steht.

Natürlich freue ich mich, wenn wir den Puck ins Tor schießen, natürlich ist es toll, wenn die Körbe reingehen, natürlich freue ich mich über Siege mehr als über Niederlagen, und natürlich juble ich mit meinen Schützlingen, wenn einer von ihnen ein Tor erzielt. Aber für die Bewertung meiner persönlichen Arbeit spielt das keine überragende Rolle mehr. Ich habe mir die Fähigkeit angeeignet, dass, wenn ich die Halle verlasse und meine Arbeit der Nachbelastung und der Regeneration getan ist, meine Stimmung schon wieder fast neutral ist. Wenn die Musik läuft, haben wir gewonnen. Doch auch wenn wir verloren haben, sind meine Aufgaben die gleichen. Und der Zweifel nagt schon genug an den Spielern, wenn wir nicht erfolgreich sind. Da muss der Trainer nicht auch noch Trübsal blasen. Vielmehr beginnt für mich nach dem Schlusspfiff die Vorbereitung auf das nächste Spiel mit Regeneration, ausreichender Versorgung der Spieler mit Flüssigkeit und Mineralstoffen und so weiter.

Ich muss eigene Beurteilungskriterien für die einzelnen Spieler anlegen: Wie war die Energieleistung? Tritt er selbstbewusst auf? Hat er eine gute Körperstabilität? Wie ist seine Sprintfähigkeit? Verbessert sich seine Athletik?

Never too high, never too low

Würde ich mich nur an Sieg und Niederlage klammern, könnte ich nie mit mir zufrieden sein. Mehr noch: Ich würde vielleicht sogar kontraproduktiv arbeiten. Dann wäre ich sprunghaft wie ein Flummi. Es kann doch nicht sein, dass bei einem Sieg im Kraftraum die Partymusik läuft und nach einer Niederlage dort der Trauerflor hängt. Deshalb lautet mein Credo seit Jahren: „Never too high, never too low! Nie zu hoch, nie zu tief!“ Wenn wir gewinnen, freue ich mich für den Moment. In der Kabine kümmere ich mich um das Essen, die Proteinshakes, arbeite mit den Spielern an der Nachbereitung. Die Nachbetrachtung ist dafür wichtig, sich zu fragen, woran es gelegen hat, alles Kontrollierbare zu kontrollieren. Und dann mache ich weiter.

Auch nach dem Weltmeistertitel der Basketball-Nationalmannschaft in Manila habe ich keine Ausnahme von meinem Credo gemacht. Als die Spieler übernächtigt zum Frühstück schlurften, war ich schon wieder im Kraftraum und absolvierte meine Intervalle auf dem Laufband. Das ist meine Einstellung: Ich bleibe bei meiner Routine. Auch wenn man denkt, man könnte sich ausruhen, es geht immer weiter! Das ist auch die Chance in der Niederlage: Man weiß, was man besser machen kann, wie man daran arbeiten kann, wo man Fortschritte machen sollte.

Das Problem mit den Hochs und Tiefs kennt jeder Privatmensch, der mal versucht hat, abzunehmen. Wer gerne Schokoriegel isst, wird nur schweren Herzens am Süßigkeitenregal vorbeigehen. Denn er weiß genau: Greift er zu, folgt die Belohnung auf dem Fuße, der Zucker sorgt für eine Dopaminausschüttung im Gehirn. Es schmeckt gut, ich finde es lecker und bin in Sekundenschnelle zufrieden. Wenn man es nicht isst, hofft man natürlich insgeheim, dass sich etwas ändert – schließlich verzichtet man ja auf den Zuckerkick. Aber es passiert nichts. Der Typ im Spiegel sieht nicht anders aus als gestern, und die Waage zeigt das gleiche Gewicht wie am Vortag. Und so geht es eine Weile weiter.

Das psychologische Problem: Man investiert etwas, zum Beispiel durch Verzicht, durch Sport oder Ähnliches, aber die Belohnung kommt erst viel später. Das führt zu Frustration. Das ist beim Krafttraining nicht anders. Ein Besuch im Fitnessstudio macht noch keinen Schwarzenegger. Im Gegenteil: Man muss erst zwei, drei, vier Wochen regelmäßig ins Fitnessstudio gehen, bevor vielleicht etwas passiert. Weil man sich gerade in so einer Phase gerne zwei-, dreimal am Tag im Spiegel betrachtet, merkt man die Veränderung kaum – bis vielleicht der Arbeitskollege sagt: Du bist aber schmal im Gesicht geworden, oder Freunde die neuen Muskeln bemerken.

Umarme den Weg, nicht das Ziel

Der kurzfristige Kick ist immer verfügbar. In fast jeder Lebenssituation: Beriesele ich mich mit Social Media oder lege ich das Smartphone beiseite und lese stattdessen ein Buch? Die Moderne hat uns viele Annehmlichkeiten gebracht, aber sie verführt uns auch dazu, es uns bequem zu machen. Weniger aktiv zu sein. Ob körperlich oder geistig. Der schnelle Kick ist jederzeit auf vielfältige Weise verfügbar. Ob es langfristig gesund ist und glücklich macht, steht auf einem anderen Blatt.

Wichtig ist: Man muss Spaß daran haben, diesen Weg zu gehen. Denn es gibt kein Endergebnis, man wird nie hundertprozentig zufrieden sein. Man wird nie irgendwo ankommen und dann für immer Glück empfinden. Deshalb habe ich auch gleich nach dem Weltmeistertitel weiter im Fitnessstudio trainiert. Mir war klar: Das Leben steht auch jetzt nicht still.

Im Gegenteil: In Köln bin ich schnell wieder in der Realität angekommen. Gleich am nächsten Tag stand ein Beurteilungsgespräch mit einem Mitarbeiter an, das gar nicht gut lief. Später ging es dann zu den Kölner Haien. Dort erwartete mich ein herzlicher Empfang, alle gratulierten mir herzlich. Aber dann wurde schnell klar: Denen war es ziemlich egal, ob ich Weltmeister bin oder nicht. Und das zu Recht: Sie hatten ihre eigenen Ziele, die sie erreichen wollten, und ich wurde dafür bezahlt, ihnen dabei zu helfen.

Das normale Leben geht weiter. Das ist das Geheimnis. Egal, welche Ziele man sich setzt, beruflich oder privat, es ist entscheidend, dass man den Weg dorthin genießt. Man muss ihn umarmen, sonst wird es sehr mühsam und der Erfolg ist höchstens kurzfristig. Wenn man immer nur den Ergebnissen hinterherjagt, ist dauerhaftes Glück sehr unwahrscheinlich. Das kann man auch auf den Beruf übertragen: Ab einer gewissen Einkommenshöhe macht es nur marginal glücklicher, noch mehr zu verdienen, wie der Wirtschaftsnobelpreisträger Daniel Kahnemann und der Ökonom Angus Deaton herausfanden. Sie stellten fest, dass eine Verdopplung des Jahresgehalts von 30 000 auf 60 000 Euro viel glücklicher macht als dann auf 120 000 Euro. Ihr Kollege Andrew T. Jebb, Psychologieprofessor der renommierten Purdue Universität, kam zu dem Schluss, dass man 81 000 Euro im Jahr verdienen müsse, danach habe das Geld keinen Einfluss mehr auf unser Gemüt. Man hat ein Dach über dem Kopf, kann dreimal am Tag essen und ein- bis zweimal im Jahr Urlaub machen.

Alles, was dann noch hinzukommt, ist erfreulich, macht aber nicht wirklich glücklicher. Das sehe ich manchmal auch bei den Wohlhabenden unter meinen Kunden: Der erste Sportwagen mag noch etwas Besonderes sein, beim dritten oder vierten Luxusauto oder dem nächsten Ferienhaus ist das Glücksgefühl schnell verflogen. Auch ein sorgenfreies Leben auf einer Trauminsel kann schnell langweilig werden. Wir brauchen eine Aufgabe. Wir brauchen ein System, in dem wir uns immer wieder entspannen und dann anspannen können. Kurzfristige Erfolge, der verlockende Schokoriegel an der Supermarktkasse, Social Media oder Frustkäufe haben eines gemeinsam: sie sind nicht nachhaltig, sondern sorgen nur für eine kurzfristige Dopaminausschüttung im Gehirn, die schon bald wieder nach mehr verlangt. So banal es klingt: Der Weg ist das Ziel – und er ist nie zu Ende.

Es hilft, nicht nur zum Gipfel zu schauen, sondern sich auch kleine Schritte oder Teilziele auf dem Weg dorthin zu setzen. Werden diese erreicht, stellen sich Zufriedenheit und neue Motivation für den nächsten Schritt ein.

So machst du dich frei von Ergebnissen

- *Prozessorientierte Ziele sind effektiver als ergebnisorientierte Ziele.*
- *Entweder wir gewinnen oder wir lernen: Frage dich immer, was du aus der Erfahrung (einer Niederlage) mitnehmen kannst.*
- *Setze dir Teilziele, kleine Abschnitte, so gehst du zwei kleine Schritte voran, vielleicht wieder einen zurück, aber du kletterst die Leiter immer weiter nach oben.*
- *Never too high, never too low: Achte darauf, dass dich Erfolge und Niederlagen nicht zu hoch fliegen oder zu tief fallen lassen.*

Kapitel 7
Profis richtig führen

Alles ist bereit

Das Coaching von Mannschaften ist vielschichtig, man hat unterschiedliche Charaktere, Arbeiter und Künstler, Führungsspieler und Mitläufer, Routiniers und Youngster. Dem Trainer muss es gelingen, sie alle mitzunehmen, sie davon zu überzeugen, dass der gemeinsame Weg der richtige ist – und dafür optimale Bedingungen zu schaffen.

Dazu gehört zum Beispiel, dass früh morgens, bevor die Spieler eintreffen, alles vorbereitet ist. Der Kraftraum ist aufgeräumt, die Matten und die Geräte für das Aufwärmen liegen bereit. Die Gewichte sind gerichtet, die Trainingspläne hängen an der Wand – alles ist „ready to work". Das führte zu einem hohen Commitment, man nimmt die Spieler in die Pflicht.

Wenn man sich den Profisport anschaut, machen viele den Fehler, zu glauben, dass das alles nur ein großer Spaß ist und dass man nach dem Sport frei hat. Aber ich glaube, man darf nicht vergessen, dass auch Profisportler Menschen sind. Und wie nicht jeder mit der gleichen Laune jeden Tag ins Büro geht, hat auch ein Profisportler nicht jeden Tag Lust, sich zu quälen und sich gesund zu ernähren.

Auch Sportler können prokrastinieren. Mein Ansatz war immer: „Lead by example", also Vorbild sein. „Practice what you preach" – handle und lebe so, dass es nicht in Widerspruch zu dem steht, was man seinen Athleten erzählt. Das fängt an mit „be on time", sei pünktlich, sei bereit, wenn die Arbeit beginnt. Das ist das Mindestmaß an Respekt. Er ist die Grundlage eines funktionierenden Teams. Achte darauf, dass du auf dem höchsten Niveau arbeitest.

Ein weiteres Credo ist: „Sei glücklich, aber niemals zufrieden." So gehe ich mit den Spielern um. Gut gelaunt, locker, aber immer ehrgeizig und ambitioniert.

Glaubenssätze für junge Sportler

Seit Beginn meiner Arbeit als Fitnesscoach habe ich viel mit jungen Sportlern gearbeitet, ob im American Football oder beim Eishockey. Aber wie nimmt man die Youngsters mit? Wie bringt man sie dazu, im Training alles zu geben, sich an Ernährungspläne zu halten, eine professionelle Lebensweise einzuschlagen?

Als ausgebildeter Sportpsycholigischer Experte habe ich Tools entwickelt, mit denen mir das (meistens) gelingt. Ein Schlüssel ist, die Spieler dabei zu erwischen, wenn sie etwas richtig machen. Man kann noch so viele Vorträge halten, positive Bestätigung bringt viel mehr – vor allem, wenn sie Dinge aus eigenem Antrieb tun.

Das fängt schon beim Frühstück an, wenn die Spieler frei wählen können, was sie sich auf den Teller legen. Da winken Spiegeleier mit Speck oder Würstchen, aber auch Quark mit Obst und Haferflocken. Ich habe beim Gang durch den Frühstückssaal schon ein genaues Auge darauf, wer was auf dem Teller hat. Die Informationen, was die richtige Wahl wäre, haben alle. Aber Konsequenzen hat es keine, wenn man sich ein Würstchen mehr draufpackt.

Wenn es mir gelingen soll, die Spieler mitzunehmen und sie vernünftig zu ernähren, dann ist es nötig, dass ich manchmal besondere Wege gehe. Mit Youssoufa Moukoko bin ich zum Beispiel in den Supermarkt gegangen und habe seinen Kühlschrank einmal mit vernünftigen Lebensmitteln gefüllt. Justin Schütz von den Kölner Haien „muss" mir jeden Tag ein Foto von seinem Frühstück schicken – einfach als Routine, damit er daran denkt, sich ausreichend und gesund zu ernähren.

Um aber die richtigen Glaubenssätze in den Jungs zu verankern, versuche ich es mit positiver Bestärkung. Gerade junge Spieler, die sich für die bekömmlichere und gesündere Variante entscheiden, werden von mir dann gerne laut und vernehmlich gelobt. „Hier wird heute einer durchstarten", sage ich dann und klopfe dem Youngster auf die Schulter. Ich übertreibe und betone es so sehr, dass jeder weiß, was los ist.

Practice what you preach

Ganz wichtig für meine Glaubwürdigkeit beim Thema „Pratice what you preach" ist aber auch meine eigene Fitness. Ich will mit gutem Beispiel vorangehen. Ich will die eigenen Überzeugungen vorleben, das ist ein Schlüssel im Umgang mit Profis. Ich versuche bis heute, stets zu den fittesten fünf Prozent im Raum zu gehören. Das wird mit den Jahren etwas schwieriger, aber ich will fit sein, ich will Ausdauer haben, ich will Kraft haben, ich will beweglich sein. Das mache ich zum einen für mich, weil ich mich dann gut fühle und es mir gut geht. Zum anderen will ich einfach aussehen wie ein Fitnesstrainer – und ich glaube, das ist auch wichtig.

Dafür setze ich mir selbst immer wieder Ziele, auf die ich dann auch fokussiert hinarbeite. Auch bei mir setze ich die gleichen Maßstäbe an, die Ziele müssen SMART, also spezifisch, messbar, ambitioniert, realistisch und terminiert sein, doch dazu später noch mehr. 2023 war es zum Beispiel der Marathon unter 3:15 Stunden, den ich im ersten Anlauf beim Köln-Marathon aus gesundheitlichen Gründen nicht schaffte, den ich aber dann bei einem Lauf allein rund um den Decksteiner Weiher absolvierte.

Ich kann es mit den Jungspunden also noch aufnehmen, zumindest mit einigen von ihnen. So machen wir in der Vorbereitung gerne Intervalle, laufen fünfmal 1000 Meter mit einer Zielzeit von 3:45 Minuten. Die laufe ich mit, ein paar von den Spielern lasse ich hinter mir – und setze so den Standard. Wenn der alte Fitnesstrainer so schnell laufen kann, dann sollte das auch ein Eishockeyprofi können.

Und gerade bei den Youngsters nütze ich das gerne aus, um sie ein bisschen damit aufzuziehen, wenn der „alte Sack" ihnen mal wieder weggelaufen ist. „Wie kann ein fast 40-Jähriger dich immer noch ziehen", ist ein Spruch, den kein Eishockeyprofi gerne hört. Das ärgert sie vielleicht ein bisschen, aber vor allem spornt es sie an.

Zeit für die Birne

Ein anderes Thema ist, dass ich mit den jungen Spielern über ihren Alltag spreche. Das Thema duale Karriere ist wichtig, ich motiviere sie, auch etwas für den Kopf zu tun. Profisport ist ein 24-Stunden-Job, den man mit nach Hause nimmt, man hat nicht Feierabend, wenn man die Halle verlässt.

Als Sportler denkst du noch an das letzte Spiel, den letzten Wettkampf, das nächste Training muss geplant werden, du musst dich regenerieren und dich zu Hause weiter gesund ernähren. Schlaf ist wichtig, aber du hast schon Zeit, deinen Kopf zu beschäftigen und dir Dinge anzuschauen, die dich weiterbringen. Also nicht nur Netflix konsumieren, sondern vielleicht auch mal eine Dokumentation oder ein gutes Buch, wenn die Beine gerade in den Recovery Boots stecken.

Auch hier mache ich selbst, was ich predige, schaue sehr gerne Dokus, lese Biografien, suche nach Inspiration in den Geschichten erfolgreicher Unternehmer, Sportler oder Trainer. Man kann sich für Autos interessieren, für Sprachen, für Reisen, für den Aktienmarkt, das bleibt jedem selbst überlassen. Aber man sollte irgendetwas haben, für das man sich begeistert. Ich konfrontiere gerade die jungen Leute bewusst damit, indem ich sie frage, was sie nach dem Training noch gemacht haben. Und wenn sie dann anfangen zu erzählen, aber außer Essen, Staubsaugen und Playstation nicht viel kommt, dann merken sie schnell, dass da durchaus Zeit ist, die man für Dinge nutzen könnte. Dinge, die einen weiterbringen.

Disagree and commit

Mit den „Großen“ ist das ein wenig anders. Mit den Stars muss man auf Augenhöhe reden, denen kann man nicht sagen, wie es läuft, das wissen sie nach all den Jahren vielleicht sogar besser als ich. Denen muss man die Notwendigkeit von Maßnahmen erklären. Da kann es schon mal passieren, dass sie eine andere Meinung haben. Aber man muss sie schließlich davon überzeugen, mitzuziehen.

Es kann sein, dass ein Sportler mal der Meinung ist, noch eine weitere harte Trainingseinheit sei nicht förderlich, genauso wie ein Fußballer der Meinung sein kann, dass die Rolle, die der Coach ihm jetzt zugedacht hat, gar nicht zu ihm passt. Trotzdem ist es wichtig, dass dieser Sportler trotzdem voll dabei ist. Bei der Trainingseinheit wie auf dem Spielfeld. Und dafür muss man die Leader in einem Team mitnehmen.

In jeder Mannschaft gibt es Anführer, Häuptlinge, die in der Kabine und auf dem Platz den Ton angeben. Es gibt einen Spielerrat oder Kapitäne, die mit an Bord sein sollten. Das funktioniert, indem man sie über Optionen entscheiden lässt. Wenn Programm A oder B zur Wahl steht und sie darüber abstimmen, dann ist schon mal sicher, dass zumindest eines von beiden umgesetzt wird und nicht nichts trainiert wird.

Ein Beispiel war, als wir mit den deutschen Basketballern vor der WM in Abu Dhabi ankamen. Die Jungs waren ein bisschen aufgeregt, weil es unser letztes Vorbereitungscamp war, aber sie wollten auch etwas von der Umgebung sehen und ins Leben eintauchen. Wir hatten für 10:45 Uhr ein Krafttraining und für 17 Uhr ein Basketballtraining geplant. Aus sportlicher Sicht wäre das perfekt gewesen, die Spieler hätten ausschlafen können, zwischen den Einheiten wäre genug Zeit für einen Mittagsschlaf gewesen, und das Team hätte ausgeruht die Nachmittagseinheit absolvieren können. Aber für private Aktivitäten, einen Besuch in der Mall, der Formel-1-Rennstrecke oder Ähnliches wäre kein Platz gewesen. Kaum hatte der Plan die Spieler erreicht, rief Dennis Schröder. „Arne, komm mal her!“

Der NBA-Star saß mit einigen anderen Führungsspielern zusammen, Daniel Theis war da, Jo Voigtmann, auch die Brüder Franz und Moritz Wagner. Sie waren schlecht gelaunt. Was das für ein Plan sei, ob man das nicht alles in eine Einheit packen könne, haben die Jungs gemeckert. Ich sah den Bundestrainer am Salatbuffet stehen und unterbreitete ihm den Vorschlag der Mannschaftsführer. „Für mich ist das kein Problem", sagte Gordie. „Für dich?" Nein, ich hatte im Prinzip auch nichts dagegen, denn dass die Arbeit gemacht werden musste, stellte niemand infrage. So brachten wir die Wünsche der Spieler und unsere Pläne unter einen Hut, und alle waren zufrieden.

Die Temperatur im Raum verändern

Ein Werkzeug, das ich benutze, habe ich vom ehemaligen Haie-Profi Ryan Jones gelernt. Er sagte einmal zu mir: „Arne, du darfst kein Thermometer sein. Du musst ein Thermostat sein." Damit konnte ich zunächst nichts anfangen. Er meinte: „Die Kunst besteht nicht darin, die Temperatur im Raum zu lesen. Der Zauber ist, die Temperatur verändern zu können." Wenn du zweimal hintereinander verloren hast, ist es keine Kunst, zu erkennen, wie die Stimmung in der Kabine ist. Sie ist miserabel. Wenn du eine Siegesserie hast, sind natürlich alle gut drauf.

Aber die Kunst besteht darin, diese Stimmung zu verändern. Und das habe ich im Laufe der Jahre perfektioniert. Denn es ist nur scheinbar einfacher, mit einem erfolgreichen Team zu arbeiten. Da neigt mancher zum Laisser-faire, die Konzentration ist vielleicht nicht mehr so da, die Musik wird ein bisschen lauter gedreht. Das bringt mich dazu, härter, schmutziger und mit etwas mehr Druck zu arbeiten.

Im Gegenteil: Eine Mannschaft, die an Niederlagen zu knabbern hat, ist vielleicht wacher, motivierter und lernwilliger. Und wenn es ganz schlecht läuft, ergibt es für mich als Trainer sowieso keinen Sinn, einen Spieler, der schon am Boden liegt, noch mehr unter Druck zu setzen. Da muss man sanfter, fürsorglicher sein. Das heißt nicht, dass nicht trainiert wird, aber die Ansprache ist eine ganz andere, sensiblere – damit die Temperatur wieder steigt.

Die Herausforderung Gen Z

Aber der Führungsstil eines Trainers wird immer wieder auf die Probe gestellt, gerade jetzt, wo die Generation Z in die Profikabine kommt, Spieler, die in diesem Jahrtausend geboren sind und einen anderen Wertekanon mitbringen. Die ticken anders, sie sind selbstbewusster, reflektierter, sie wissen, was ihre Rechte und Pflichten sind, und sie würden sich nicht auf die Dinge einlassen, die ich früher mit meinen Spielern gemacht habe.

Diese Generation stellt selbst die ehernen Regeln, die Hierarchie zwischen Erfahrenen und Jungen infrage. Früher war es selbstverständlich, dass die Jüngeren das Ballnetz trugen, die Ausrüstung zum Bus brachten oder die Trainingsutensilien einsammelten. Das funktioniert auch heute noch, aber längst nicht mehr so unangefochten. Die neuen Profis haben klare Vorstellungen, wollen Erklärungen und fragen, was der Verein für sie tun kann. Das stellt auch die Trainer vor neue Herausforderungen. Ich habe das Gefühl, dass ich meinen Führungsstil vielleicht noch einmal neu erfinden muss …

Learnings:

- *Lead by example: Sei ein Vorbild in deinen Verhaltensweisen, dann setzt du eine Messlatte, an der die Spieler, Kollegen oder Untergebene im Beruf sich messen können.*
- *Disagree & commit: Überzeuge die Leader im Team, auch wenn sie vielleicht nicht deiner Meinung sind, müssen sie sich zum gemeinsamen Ziel bekennen.*
- *Rede mit den Stars auf Augenhöhe, das verschafft dir auch Respekt im Team.*
- *Lies die Temperatur im Raum – und verändere sie, damit dein Team profitiert.*

Kapitel 8
Ein besonderer Anführer

Das Abenteuer DBB

Die richtige Führung ist der Schlüssel für das Funktionieren eines Teams. Im Sport kommt diese Rolle in der täglichen Arbeit dem Trainer zu. Im Laufe der Zeit habe ich in meinem Beruf viele, zum Teil sehr unterschiedliche Charaktere kennengelernt, sei es im Eishockey oder im Basketball.

Aber in Sachen „Leadership“, in Sachen Führungsstil, habe ich von wenigen so viel lernen können wie von Gordon Herbert. Der Trainer der deutschen Basketballer ist spätestens seit diesem Sommer jedem Sportfan ein Begriff. Unvergessen, wie er in Manila völlig entkräftet auf dem Court saß und Freudentränen vergoss, nachdem er Deutschland zum ersten Weltmeistertitel in der Basketballgeschichte geführt hatte.

Er war nicht der erste Coach, den ich beim DBB erlebte. Als ich kam, war Chris Fleming im Amt, er führte die Mannschaft bei der Europameisterschaft 2017 ins Viertelfinale, heute arbeitet er als Assistenztrainer bei den Chicago Bulls. Danach übernahm mit Hendrik Rödl einer der Helden der Europameisterschaft von 1993. Wir haben an der Weltmeisterschaft teilgenommen und uns für die Olympischen Spiele in Tokio qualifiziert. Obwohl Olympia wegen der Coronapandemie unter besonderen Vorzeichen stand, war es für mich als Sportbegeisterten ein Traum, der in Erfüllung ging. Allerdings spielten wir das Turnier damals ohne unseren Leader und Superstar Dennis Schröder und unter anderem deshalb auch ohne das ganz große Happy End: Im Viertelfinale war Schluss, der Traum von einer

Medaille platzte beim 70:94 gegen Slowenien mit deren Ausnahmeathlet Luka Dončić.

Trotzdem haben wir uns auch in diesem Turnier weiterentwickelt und ich habe versucht, meinen Teil dazu beizutragen. Um das Team auf ein möglichst hohes Niveau zu bringen, haben wir den athletischen Bereich im Basketballverband professionalisiert. Wir begannen ein Setup aufzubauen, damit die Athleten des A-Kaders immer ein bekanntes Umfeld vorfinden, wenn sie zur Nationalmannschaft stoßen. Dafür habe ich mich früh mit allen Spielern getroffen, habe ihre Athletiktrainer getroffen, um möglichst viele Informationen zu haben, damit ich ihnen auch das bestmögliche Training anbieten kann. Ich kannte ihre Trainingspläne und wusste so, woran ich bin.

Dann forcierte ich eine Kooperation mit einem Fitness-Ausrüster, der uns ein mobiles Gym zusammenstellte, das genau in einen Mercedes Sprinter passte. Damit stellten wir sicher, dass wir auch dort, wo es keine perfekten Trainingsmöglichkeiten gab, optimal an der Fitness arbeiten konnten. Es waren genau die Dinge, die ich in meiner „L'Ackerei" brauchte: Langhantel, Kurzhantel, Trap Bar, Medizinbälle, Matten & Co. Außerdem habe ich eine kontinuierliche Betreuung der Spieler aus der Ferne eingeführt und halte das ganze Jahr über Kontakt zu den wichtigen Spielern, damit wir bei den Lehrgängen nicht regelmäßig bei null anfangen müssen. Schlussendlich haben wir noch einen hauptamtlichen Athletiktrainer beim DBB eingestellt, der sich um die Frauen und den Nachwuchs kümmert.

Gordon Herbert und die Generation, die golden wird

Der deutsche Basketball hat schon immer große Spieler hervorgebracht, allen voran natürlich Dirk Nowitzki. Doch große Mannschaften nur sehr selten, auch wenn man 1993 sensationell Europameister wurde. Im Herbst 2021 stand die Nationalmannschaft vor einer besonderen Situation. Eine ganze Reihe von Leistungsträgern näherte sich dem Höhepunkt ihrer Leistungsfähigkeit, Daniel Theis und Dennis Schröder waren gestandene NBA-Profis, Franz und Moritz Wagner sorgten in Orlando für Furore, aber auch in der Europa-League drückten plötzlich deutsche Spieler Spitzenteams ihren Stempel auf: Maodo Lô, Andreas Obst, Jo Voigtmann, um nur einige zu nennen.

Es war zu spüren, dass hier eine nie dagewesene Breite durchaus berechtigte Hoffnungen auf internationale Erfolge schürte. Mit der Heim-EM 2022, der Weltmeisterschaft in Japan und auf den Philippinen sowie den Olympischen Spielen 2024 in Paris standen drei wichtige Turniere an. Für diese vier Jahre bekannten sich die Stars der Mannschaft zum Team, und der DBB verpflichtete Gordon Herbert als Bundestrainer. Er sollte aus dieser Generation eine goldene machen, sie zum Erfolg führen und für einen neuen Basketball-Boom in Deutschland sorgen.

Der groß gewachsene Kanadier hatte viele Jahre als Spieler in Finnland gespielt, war dann als Trainer nach Deutschland gekommen und hatte allein zehn Jahre als Cheftrainer der Frankfurter Skyliners Erfolge gefeiert. Doch nun stand er vor seiner vielleicht größten Herausforderung – und ließ sich das erst einmal überhaupt nicht anmerken.

„Gordie" hat einen ganz eigenen Führungsstil, der von Lockerheit, aber auch von natürlicher Autorität geprägt ist – und das ganz ohne Gebrüll und Machtdemonstrationen. Vor jedem Camp gab er den Spielern drei Grundregeln mit auf den Weg. Regel Nummer eins: „Handle wie ein Profi – tu nichts, was deine Leistung morgen negativ beeinflusst." Damit legte er die Verantwortung in die Hände jedes Einzelnen. Das Credo: Es ist mir egal, was du in deiner Freizeit machst, wenn es sich nicht negativ auf das Team auswirkt. Ein Glas Wein am Abend, ein Burger oder eine Pommes, die Frau als Gast im Hotel – es gab keine Verbote, aber jeder wusste, dass der Trainer genau hinschauen würde, wer welche Leistung im Training und im Spiel brachte und ob es dafür diesen oder jenen Grund gab.

Das zweite Prinzip ist einfach: „Sei pünktlich!" Pünktlichkeit war für Herbert ein Zeichen des Respekts. Und dieser Respekt, das war sein dritter Punkt, der war ungemein wichtig: die im täglichen Umgang geübte Achtung vor den Mitspielern, den Trainern, aber auch vor dem Betreuerstab und dem medizinischen Personal, den Menschen, die „die kleinen Dinge tun“, aber auch vor Außenstehenden wie Fans, Medien und Sponsoren.

Diese Einstellung hat mir immer imponiert. Dinge, die für andere Trainer selbstverständlich sind, waren für ihn die wichtigsten Vorgaben. Das hat in der Mannschaft etwas bewirkt. Selten zuvor hat eine deutsche Nationalmannschaft so zielorientiert und diszipliniert gearbeitet und damit alles dem Erfolg untergeordnet.

Gordon Herbert konnte sich also auf die Entwicklung des DBB-Teams zu einer absoluten Spitzenmannschaft konzentrieren. Dieses Ziel hatte der Bundestrainer auch öffentlich ausgegeben. Mit der Aussage „Medaillen sind immer das Ziel“ formulierte er höchste Ansprüche, wohlwissend, dass man ihn daran messen würde.

Gordon Herberts goldene Regeln

- *Sei ein Profi. Tue nichts, was deine Leistung am nächsten Tag negativ beeinflusst.*
- *Sei pünktlich.*
- *Respektiere die anderen. Auch die, die die kleinen Dinge tun.*

Große Ziele, kleine Schritte

Damit aber das große Ziel die Spieler und die ganze Gruppe nicht lähmte, stellte er die Entwicklung als Prozess dar. Jedes Spiel, jedes Training war für ihn eine Stufe, die es auf dem Weg zum großen Ziel zu erklimmen galt. Als Gordie vor dem ersten Spiel antrat, standen wir also am Anfang der Treppe, an deren Ende eine Medaille stehen sollte.

Bei jedem Treffen wurde im gesamten Team, in Kleingruppen oder in Einzelgesprächen das Ziel für die nächsten Trainingseinheiten, Testspiele oder auch Qualifikationsspiele festgelegt. Dadurch waren Erfolg oder auch Misserfolg messbar, wir wussten, wo das Team oder der Einzelne in seiner Entwicklung steht und woran wir arbeiten mussten.

Jeder bekam vor den Spielen eine Rolle zugeteilt, auch die Bankspieler hatten eine klare Aufgabe. Wenn zum Beispiel jemand auf die Bank beordert wurde, erklärte Herbert die Maßnahme und gab ihm eine spezielle Aufgabe. „Ja, du kommst nicht von Anfang an. Aber ich erwarte, dass du ab dem ersten Moment, in dem du auf dem Platz stehst, mit voller Energie dabei bist, denn wir werden dich in wichtigen Phasen brauchen." So hatte jeder Spieler neben dem Mannschaftserfolg ein individuelles Ziel, an dem er sich unabhängig vom Ergebnis am Ende messen konnte.

An die gesamte Mannschaft gerichtet, formulierte er immer wieder den Satz: „Du spielst mit fünf Mann, aber es gibt nur einen Ball." Was er damit meinte: Im Spiel kam es nicht nur auf den Spieler an, der gerade den Ball führte. Im Gegenteil: Jeder musste zu jeder Zeit mitspielen. Dieses Credo verinnerlichte die Mannschaft von Spiel zu Spiel mehr. Sie griff gemeinsam an, verteidigte aber vor allem auch als Einheit. Jeder kannte seine Rolle – und war bereit, Verantwortung zu übernehmen. Bei der WM funktionierte das nicht nur im Angriff, sondern auch in der Abwehr überragend. Es war eines der Geheimnisse unseres Erfolgs.

Eine Horde Rennschweine

Kaum etwas symbolisiert die Entwicklung zu einem ganz besonderen Team so gut wie die Geschichte von den „Racepigs", den Rennschweinen, die vor dem Start der Heim-Europameisterschaft entstanden ist. Du kennst sie nicht? Nun, sie passt zu der Art und Weise, wie Herbert das Team geführt hat und wie er seine Mitarbeiter – in diesem Fall mich – daran teilhaben ließ. In einer Mannschaftssitzung sagte der Trainer: „Eine Mannschaft besteht aus Rennpferden und Arbeitsschweinen. Der Schlüssel zum Erfolg ist, dass die Schweine nicht versuchen, Rennpferde zu sein. Aber die Rennpferde brauchen zumindest etwas von der Schweinementalität."

Die Rede kam bei den Spielern gut an, aber natürlich machte sie auch einige nachdenklich. Als ich mit Johannes Voigtmann, unserem Center von Olimpia Milano, am Flughafen auf dem Weg zum nächsten Testspiel war, kam die Geschichte wieder hoch. Schmunzelnd fragte Jo: „Was meinst du, Arne, bin ich ein Rennpferd oder eine Sau?" Ich musste grinsen – und bastelte auf meinem Handy ein Pferd-Emoji mit einem Schweinekopf drauf. „Du bist ein Rennschwein!" Wir mussten beide lachen. Da war es passiert: Die „Racepigs" waren geboren – und sorgten für gute Stimmung unter den Spielern.

Als Fitnesstrainer hat man immer eine besondere Rolle in der Mannschaft, man ist einerseits Vertrauensperson für die Spieler und andererseits Teil des Trainerstabs. Daher nehme ich auch bewusst im Mannschaftsbus eine Zwischenposition ein: Ich sitze stets in der letzten Reihe der Trainer vor den ersten Spielern. An dieser Nahtstelle bekommt man von beiden Seiten mit, wie die Gefühlslage ist, und kann manchmal vermitteln oder die Stimmung pushen. Die „Racepigs" erschienen mir dafür wie geschaffen.

Ich schickte die Idee an meinen Kumpel Christian Hedel aus Köln, der das Logo noch aufhübschte und mit einer Deutschlanddecke „versah". Zurück in der Domstadt ließ ich es in einem Copyshop auf DIN A1 ausdrucken und fragte Gordon Herbert, ob ich es bei der Teambesprechung aufhängen dürfe. Der Coach nickte schmunzelnd, und unser DBB-Rennschwein kam auch bei den Spielern gut an. NBA-Center Daniel Theis gefiel es so gut, dass er sofort meinte: „Davon brauchen wir T-Shirts!" Das ließ ich mir nicht zweimal sagen, am nächsten Tag hatte ich 35 Hemden besorgt, jeder im Kader und im Staff bekam sein Exemplar.

Und so wurden die „Racepigs" unsere Glücksbringer während der Europameisterschaft in der Lanxess-Arena und in Berlin. Die Spieler trugen die Shirts im Hotel, auf dem Weg in die Kabine, beim Aufwärmen. Das Poster begleitete uns und hing nun bei jeder Besprechung und jedem Spiel in der Kabine. Die „Rennschweine", das waren wir, das war unsere Identität, die absolute Einheit, der Respekt für die Arbeitstiere wie für die Rennpferde wurde für uns zu einem der wichtigsten Glaubenssätze dieses Teams.

Der Coach ließ den Spaß sicher bewusst zu, denn so fühlten sich auch die Arbeiter in der Truppe ein bisschen mehr als Rennschwein – und unsere Stars entdeckten ihre Kämpfermentalität und malochten für den Erfolg des Teams, was vor allem dann wertvoll war, wenn es mal nicht so leicht von der Hand ging. Immer wieder gelang es uns – auch unseren vermeintlichen „Rennpferden“ –, über den Kampf ins Spiel zu finden.

Die Förderung des Teamgeistes gehört nicht zu den vordringlichsten Aufgaben eines Fitnesstrainers, aber ich habe sie schon immer als Teil meines Jobs verstanden. Der Cheftrainer vertraute meinem Gespür und ging auf den Vorschlag ein. Auch das zeigt seine Führungsqualitäten: Er war offen für Anregungen aus der Truppe und dem Stab – was natürlich die Motivation und den Antrieb bei Spielern und Betreuern noch mehr befeuerte.

Kontrollierte Emotionen

Gordon Herbert ließ Ideen aus seinem Stab zu, wenn sie gut für die Gruppe waren. Doch wenn es brenzlig wurde, war er der Turm in der Schlacht und gab uns allen Halt. Basketball ist ein intensives Spiel, es geht oft hin und her, der Trainer steht direkt an der Seitenlinie, die Zuschauer im Rücken, manchmal trennen ihn nur Zentimeter vom Schiedsrichter. Da ist es nicht einfach, seine Emotionen unter Kontrolle zu halten.

Doch oft schien es, dass Herbert umso ruhiger und klarer wurde, je hektischer es wurde. Klarheit, Stressresistenz und Loyalität gegenüber seinen Mitarbeitern waren hervorstechende Eigenschaften. Das verlieh ihm eine natürliche Autorität, und wir alle, Spieler, Trainerstab und Betreuer, hatten immer das Vertrauen, dass er auf alle Probleme eine Antwort haben würde.

Ich habe schon Trainer gesehen, die den Druck nach unten weitergaben und ihre Spieler anschrien. Gordon Herbert war und ist da anders. Und das war eminent wichtig für den Erfolg. Gerade vor großen Turnieren, bei denen man oft wochenlang zusammensteht, ist es eine wesentliche Eigenschaft einer sportlichen Führungskraft, möglichst selten laut werden zu müssen, sein Pulver nicht zu verschießen, ruhig zu bleiben, den einzelnen Teilen des Kaders innerhalb klarer Grenzen die nötigen Freiheiten zu geben.

Die Mannschaft hat es ihm gedankt. Selten musste Herbert emotional werden. Als wir kurz vor der WM in Okinawa ankamen, war das einmal anders. Wir hatten unser erstes Training, die Energie auf dem Platz war nicht gut. Gordon Herbert mühte sich, coachte erst ruhig, dann ein bisschen intensiver, aber selbst als Außenstehender hatte man den Eindruck: Hier und heute redet er gegen Wände. Plötzlich brach es aus ihm heraus. „For fuck's sake!", brüllte Herbert laut. Plötzlich hätte man in der Halle eine Stecknadel fallen hören können. Alle schauten in seine Richtung, waren wieder wach. Er warf den Ball ins Feld und deutete an: Weitermachen! Und plötzlich war die nötige Konzentration und Aufmerksamkeit wieder da.

Wie Herbert einen Löwen zähmte

Dem erfahrenen Kanadier dürfte von Anfang an klar gewesen sein, dass der Schlüssel zum Erfolg – bei allem Talent und Einsatz des übrigen Teams – langfristig vor allem von der Leistung des Spielmachers und Führungsspielers Dennis Schröder abhängen würde. Dieser hatte im Vorfeld der Europameisterschaft nicht gerade die leichteste Phase seiner mittlerweile zehnjährigen NBA-Karriere hinter sich, und wir werden später in diesem Buch noch auf den unbändigen Willen eingehen, mit dem der Braunschweiger letztlich zum MVP (Most Valuable Player) des WM-Turniers wurde.

Bei der Weltmeisterschaft glänzte er von Beginn an in bestechender Form. Aber konnte Herbert Schröder so führen, dass er Deutschland zum Titel brachte? Auch hier gab es eine Schlüsselszene – im letzten Gruppenspiel gegen den WM-Mitfavoriten Slowenien, eine eigentlich unbedeutende Partie, da wir uns bereits für das Viertelfinale qualifiziert hatten.

Auf dem Spielfeld kam es zu einem Missverständnis zwischen unseren beiden NBA-Stars Schröder und Daniel Theis. Es folgte eine hitzige Diskussion zwischen den Jugendfreunden aus Braunschweig, Gordon Herbert reagierte mit einer Auszeit. Doch Dennis Schröder redete weiter auf Theis ein, als der Coach längst mit seiner Ansprache beginnen wollte. „Setz dich", forderte Herbert den NBA-Star auf. Doch Schröder hörte nicht. „Setz dich", wiederholte Herbert und zog Schröder am Arm. Dieser zischte deutlich „Chill out, Coach" in Richtung Herbert. „Rede nicht so mit mir!" Die Spannung war spürbar. Der Trainer ließ seine Stars erst einmal auf der Bank schmoren.

Das intakte Verhältnis innerhalb der Mannschaft spiegelte sich auch im weiteren Umgang mit der Situation wider: Nach einiger Zeit holte der Bundestrainer beide Spieler zurück aufs Feld. Während sie auf ihre erneute Einwechslung warteten, umarmte Dennis Daniel für alle sichtbar und beide lachten. So war der Streit der Stars noch während des Spiels beigelegt und sie machten sich an die Aufholjagd gegen die noch bei Olympia übermächtigen Slowenen.

Auch die Mannschaft fing sich schnell, drehte das Spiel und gewann mit 29 Punkten Vorsprung. „Da hat sich die Stärke der Mannschaft gezeigt. Viele Mannschaften, die diese Stärke nicht haben, wären in diesem Moment zusammengebrochen", kommentierte Herbert jene Vorkommnisse später.

Doch wie ging es weiter zwischen dem Trainer und seinem Kapitän? Das war nach dem Spiel natürlich auch das Thema in den Medien. Dennis Schröder antwortete in den Interviews souverän, es sei „keine große Sache" gewesen, beide seien etwas emotional gewesen – der Sieg habe im Vordergrund gestanden. Trainer Herbert verzichtete darauf, seinen Star öffentlich zurechtzuweisen. „Das klären wir intern."

Beim Abendessen sprach ich Herbert darauf an, wie er nun mit der Situation umgehen wolle. „I rather taim a lion, than show him how to roar", sagte Herbert. „Ich zähme lieber einen Löwen, als ihm zu zeigen, wie man brüllt." So gut, so treffend, so wichtig – Herbert kannte die Emotionen seines Stars, wusste sie zu kanalisieren –, denn ihm war bewusst, dass sein Team am Ende nur so erfolgreich sein konnte.

Die Auflösung des Zoffs

Am nächsten Tag stand ein leichtes Training auf dem Programm. Ich übernahm einen großen Teil der Einheit, denn wir beschäftigten uns hauptsächlich mit Körperpflege und Regeneration. Ich dehnte gerade Dennis Schröder, als der Bundestrainer zu uns kam und fragte: „Dennis, hast du kurz Zeit?" Dennis antwortete: „Sure, Coach", und stand von der Matte auf. Ich schaute ihm gespannt hinterher. Nicht wenige Trainer hätten auf die „Majestätsbeleidigung" mit einer Machtdemonstration reagiert, um die Verhältnisse geradezurücken und zu zeigen, wer der Chef im Ring war. Nicht so unser Trainer. Herbert trat einen Schritt zur Seite, nahm Schröder in den Arm und sagte ihm ins Gesicht: „I have to apologize ... – Ich muss mich entschuldigen." Ein großer Schritt: Der Bundestrainer ging auf seinen Kapitän zu und nahm den ganzen Druck, die ganze Anspannung aus der Situation.

Während die Medien noch über die Folgen der Aktion spekulierten – auch bei mir trudelten ständig Artikel, Reels oder Memes auf dem Handy ein –, hatte Herbert seinen Worten eindrucksvoll Taten folgen lassen, die Sache intern geklärt. Es gab andere Dinge, mit denen wir uns beschäftigen wollten. Statt ein öffentliches Exempel zu statuieren, war es Herbert gelungen, einen Konflikt zu lösen, der den Turniererfolg durchaus hätte gefährden können, und so konnten wir uns auf dem Weg zum Finale wieder auf das nächste wichtige Spiel konzentrieren.

„Das war einer der Momente, in denen ich gemerkt habe: Hier kann etwas Großes entstehen", blickte Herbert später auf die Situation zurück.

Klare Regeln, offene Kommunikation, kein Ego, das große Ziel in kleine Schritte zerlegen. Ruhiger Umgang mit dem Team, Emotionen und Ausbrüche gezielt nutzen. Vertrauen in sein Team. Und viel Fingerspitzengefühl im Umgang mit seinen Stars. Das sind die herausragenden Führungsqualitäten von Gordon Herbert, mit denen er Deutschland zum ersten Weltmeistertitel in der Basketball-Geschichte geführt hat.

Wie viel Druck er in diesen sieben Wochen in sich aufbaute – das sah die Welt: als sich auf dem Parkett von Manila die Anspannung löste, der Druck abfiel und der damals 64-Jährige Tränen der Freude vergoss. Ganz Deutschland freute sich mit ihm.

Teil 2
Being a Pro – Ein Profi sein

Kapitel 1
Coaching

Warum jeder einen Coach haben sollte

Seit anderthalb Jahrzehnten bin ich nun Personal Trainer. Ich habe viele Erfahrungen gesammelt, Fehler gemacht, eine Menge gelernt, neue Methoden kommen und auch wieder gehen sehen, ich habe viele Höhen und einige Triumphe im Sport erlebt und auch manche Tiefen.

All das hat mich zu dem Coach gemacht, der ich heute bin. Ob ich der beste Fitnesscoach der Welt bin? Ziemlich sicher nicht. Da gibt es einige, die vielleicht mehr Wissen angehäuft haben, einen anderen Background haben. Doch meine Methoden funktionieren, sowohl als Coach erfolgreicher Unternehmer oder Promis wie auch als Athletiktrainer von Einzelsportlern und Teams.

Meine Qualitäten liegen vor allem in meiner harten, stetigen Arbeit, ich habe bislang niemanden getroffen, der so penetrant ist, der so viel nachfragt und sich bei all seinen Kunden einbringt, damit sie sich an ihre Pläne halten, ihre Vorgaben erfüllen, die Routinen einüben – der aber auch dafür sorgt, dass seine Athleten sich wohlfühlen, dass es ihnen gut geht, dass sie beim Training die beste Stunde des Tages haben. Täglich schicke ich meinen Sportlern Fotos und Videos, zudem lebe ich das vor, was ich ihnen predige. Und das nicht nur im Training oder Wettkampf, sondern auf einer ganzheitlichen Ebene.

Die Zufriedenheit vieler Kunden, die ihre persönlichen Ziele erreichen, die guten Leistungen vieler meiner Athleten, all das zeigt, dass die Herangehensweise erfolgreich ist. Das hat mich zu der Erkenntnis geführt, dass eigentlich jeder, der es sich erlauben kann, auf die Hilfe eines Coachs zurückgreifen sollte. Ansonsten gibt es aber auch viele Tipps auf YouTube – oder in der Literatur, wo dieses Buch nun dazukommt.

Aber ein Coach macht vieles einfacher. Und verbindlicher. Denn im rasanten Alltag gerät der Blick auf die eigene Gesundheit, die Bedürfnisse des Körpers nur allzu schnell in den Hintergrund. In Teil 2 möchte ich ausführen, auf was es ankommt in Training, Regeneration, Mindset und Ernährung. Beginnen aber möchte ich mit einer anderen Frage: Wie führt man Menschen richtig? Was macht gutes Coaching aus? Und wie lässt sich das auf die Rolle von Unternehmensführern oder leitenden Angestellten übertragen?

Wie ich Menschen führe

Ich habe im ersten Teil ja über meine Anfänge als Coach geschrieben und wie ich mit meinen Bundeswehrmethoden recht schnell an meine Grenzen gekommen bin. Seitdem ist das natürlich mein zentrales Thema: Was braucht es, um ein guter Coach zu sein? Sind es die Methoden, ist es die Herangehensweise? Ist es entscheidend, was der Coach macht oder wie er es macht? Mit welcher Methode erreicht man die besten Resultate? Es kommt oft auf die kleinen Dinge an. Und wenn ich eben von ganzheitlich gesprochen habe, dann gilt das insbesondere für mich und mein Trainerteam.

Für uns beginnt die Arbeit schon vor dem Erstgespräch, und sie hört auch nicht im Urlaub des Sportlers auf. Wenn wir Trainer sind, dann sind wir es 24 Stunden am Tag, sieben Tage die Woche. Hat ein Sportler ein Problem, versuchen wir es zu lösen. Schreibt er, bekommt er binnen kürzester Zeit eine Antwort. Zwischen 6 und 22 Uhr erreichen mich meine Athleten und Kunden immer. Von meinem Trainerteam erwarte ich, dass Fragen binnen zwölf Stunden beantwortet werden.

Und wir machen auch manchmal Unmögliches möglich. So hatte ein Kunde mit dem Verweis auf eine Dienstreise mal angemerkt, er könne seine geplante Ausdauereinheit auf dem Rad nicht absolvieren. Wir hatten ihn wie immer gefragt, wo er denn unterwegs sei und in welchem Hotel. Ich fand heraus, dass man sich dort Peloton-Bikes auf das Zimmer bestellen konnte. Als mein Sportler sein Zimmer betrat, stand dort die Ausdauermaschine mit einer freundlichen Erinnerung: „Jetzt steht deiner Einheit ja nichts mehr im Wege. Viele Grüße, dein ago.sport-Team."

Ich selbst mache Kraftsport seit 24 Jahren, die allermeiste Zeit allein, merke aber, dass mir auch manchmal ein Trainer fehlt. Warum ich trotzdem solo im Gym bin? Weil ich zeitlich flexibel trainieren möchte. Mal trainiere ich um fünf Uhr morgens, mal um neun Uhr abends, aber meistens bin ich gegen Mittag im Fitnessraum, da arbeiten alle anderen, und somit bin ich auf mich selbst gestellt. Das funktioniert nur, wenn es einem leichtfällt, sich immer wieder zu motivieren. Denn ich habe niemanden, der mich antreibt. Für mich ist das okay, ich habe gemerkt, dass ich das nicht brauche. Außerdem habe ich das nötige Equipment fast immer zur Verfügung, das macht die Sache für mich auch ein bisschen einfacher.

Verbindlichkeit schafft Regelmäßigkeit

Doch den meisten Leuten hilft es ungemein, wenn sie jemanden haben, der sie antreibt. Der den Sport verbindlich macht. Das fängt schon beim Termin an. Wenn ich mir lediglich vornehme, ins Fitnessstudio zu gehen, lasse ich das schnell mal sausen. Wenn ich aber verabredet bin und jemand auf mich wartet, dann sieht das schon anders aus. Mache ich in einer Gruppe Sport, können gemeinsame Trainingsziele helfen, sich gegenseitig zu motivieren. Beim Einzeltraining sind die vereinbarten Ziele mit dem Trainer Antrieb und Messlatte.

Auch für Profisportler, vor allem für Mannschaftssportler, kann ein Personal Trainer abseits des Vereins unheimlich wichtig sein. Klar: Sie bekommen in ihren Vereinen schon einiges geboten, hier hat in den vergangenen zwei Jahrzehnten eine riesige Professionalisierung stattgefunden. Aber das Mannschaftstraining, auch die Ausdauer- und Krafteinheiten, orientieren sich immer am Durchschnitt des Teams. Das gilt für Fußballer genauso wie für Handballer, Basketballer oder Eishockeyprofis, denn man muss eine Gruppe fit machen – da bleiben die Bedürfnisse des Einzelnen gerne mal auf der Strecke.

Auf dem Rasen, auf dem Eis oder auf dem Spielfeld hat der Cheftrainer Vorstellungen, was er trainieren möchte. Natürlich kümmert sich der Staff dann um Dinge im technisch-taktischen Bereich oder in der psychologischen Betreuung. Fitnesstrainer, Mentalcoaches oder Ernährungsberater sind in jedem Verein inzwischen installiert. Aber längst nicht jeder Club hat die nötige Infrastruktur für ein professionelles Krafttraining oder eine Küche wie etwa bei Manchester City oder bei den Spitzenclubs der Fußball-Bundesliga, wo jeder Profi einen auf seine Bedürfnisse und Lebensweise zugeschnittenen Speiseplan hat und auch das Essen für Frühstück und Abendbrot auf Wunsch von einem Spitzenkoch zubereitet und portioniert in den Zimmern der Athleten bereitgestellt wird.

In den Vereinen werden immer bis zu 30 Spieler gleichzeitig betreut. Der Profi von heute aber ist eine „Ich-AG", die in ihrer zeitlich begrenzten Karriere möglichst weit kommen möchte und Geld einspielen will. Daher ist es sinnvoll, dass sich der Sportler um sein privates Setting kümmert. Das ergibt in mehrfacher Hinsicht Sinn.

Gerade im schnelllebigen Profisport ist es heute so, dass kaum jemand über einen längeren Zeitraum bei einem Verein bleibt. Natürlich gibt es Moritz Müller bei den Kölner Haien oder Thomas Müller von den Bayern, die nie den Verein gewechselt haben. Aber das Gros der Sportler ist immer nur zwei, drei Jahre bei ihrem Verein und zieht dann weiter. Da kann nicht nur die Qualität der Betreuung sehr unterschiedlich sein, die neuen Trainer wissen unter Umständen gar nicht, wie fit der neue Spieler ist, wo seine Stärken liegen, an welchen Defiziten er arbeiten muss. Und wechselt während der Saison das Trainerteam, geht ohnehin oft viel Wissen über die einzelnen Spieler verloren.

Profis sollten sich ein stabiles Umfeld bauen

Da ist es nur logisch, dass der Spieler ein Umfeld haben sollte, das er selbst kontrolliert und das ihn unterstützt, schließlich sind seine Fitness und sein Körper sein absolutes Kapital. Der Fitnesstrainer zu Hause kennt die Körperfettentwicklung, er kennt die Beweglichkeit im Sprunggelenk oder der Schulter, er kennt die Kraftwerte, er weiß, welches Potenzial er hat, welche Vorbereitung er im Sommer am besten verträgt. In diesem Umfeld kann viel mehr Wissen über den Athleten zusammengetragen werden, als wenn man sich nur auf den Verein verlässt. Das gibt dem Sportler Vertrauen und Sicherheit.

Dazu kommt: Die Trainingseinheiten im Club bilden meist nur einen kleinen Teil der Woche ab, und es bleiben genügend Möglichkeiten, noch an anderen Defiziten zu arbeiten. Dann ist es sehr hilfreich, einen Coach zu haben, der in einer lockeren, aber konzentrierten Atmosphäre dem Athleten hilft, sich zu verbessern. Auch hier kommt wieder die persönliche Verantwortung ins Spiel. Ein Training ausfallen lassen, wenn der Coach wartet und am Handy nervt, ist deutlich schwieriger, als wenn man allein ins Gym muss und die Freundin am Telefon andere Vorstellungen hat. Frag nach bei Dominique Heintz auf dem Weg zum Hambacher Schloss …

Ein weiterer Grund ist die Trainingskontrolle. Wenn ich alleine in meinem Fitnesskeller trainiere, kann ich nicht kontrollieren, ob ich die Übung richtig mache. Selbst mir, der ich das Fachwissen und das Körpergefühl habe, hilft es, wenn ab und an ein Coach dahintersteht und gegebenenfalls korrigierend eingreift.

Eine Frage der Kommunikation

Die Athleten brauchen eine klare Linie. Da muss man auch – Thema: keine Angst vor großen Namen – einem Dennis Schröder oder Leon Draisaitl mal sagen: Hör mal, die Bewegung ist totaler Mist, das kannst du besser. Ja-Sager als Trainer helfen keinem Athleten.

Dazu kommt ein weiterer Punkt: Die Profis stehen in den Vereinen in einem Konkurrenzkampf, in dem es um Plätze in der Startelf, um Spielzeit etc. geht. Das führt dazu, dass man manchmal Probleme mit der Belastung nicht an die große Glocke hängt, dass man kleine Wehwehchen verschweigt, um nicht zu signalisieren, dass der Trainer besser auf jemand anderen setzen sollte.

Hier kommt der Personal Trainer ins Spiel, er kann sich um diese Dinge kümmern. Man hat eventuell einen eigenen Physiotherapeuten oder auch einen Mentaltrainer, der helfen kann, und erst in einem zweiten Schritt werden die Probleme im Verein angesprochen, nämlich dann, wenn sie größer sind und sich wirklich auf die Leistung auswirken können.

Es gibt also unendlich viele Möglichkeiten, wie ich als Trainer meinem Sportler helfen kann. Gerade jungen Sportlern tut es am Anfang ihrer Karriere gut, wenn man ihnen unter die Arme greift. Die ziehen vielleicht gerade erst zu Hause aus, wissen gar nicht, wie man den Kühlschrank füllt, was man einkauft, wie man gesund kocht, wie sich der Schlaf auf die Regeneration auswirkt und wie man das beeinflussen kann und vieles mehr. Oft kommt auf sie eine neue Welt zu, und in den Vereinen hat man selten die Zeit und die Muße, sich um die Jugendlichen richtig zu kümmern, gerade im Spielbetrieb, wenn das nächste Spiel ansteht, der Druck in den Medien steigt. Hier kann ein eigener Coach mit einem ganzheitlichen Ansatz enorm weiterhelfen.

Damit meine ich nicht explizit einen Fitnesstrainer – sondern jemanden, der in bestimmten Lebensbereichen hilft, die Dinge auch mal aus einer anderen Perspektive spiegelt. Das habe ich von erfolgreichen Unternehmern und Managern auch gelernt: Für bestimmte Problemstellungen gibt es nun mal Experten, an die man Dinge delegieren und deren Fachkenntnis man nutzen kann. Für die Steuer gibt es einen Steuerberater, für juristische Dinge einen Anwalt. Und für viele Lebensbereiche – wie eben Fitness, Athletik, Ernährung, aber natürlich auch Mental Health – gibt es Coaches, die auch Profisportler unterstützen können.

Ein zentraler Punkt beim Verhältnis des Trainers zu seinem oder seinen Athleten ist die Kommunikation. Ein verlässliches, ehrliches Feedback, eine konstruktive Herangehensweise und eine absolute Vertrauensbasis sind unerlässlich für eine erfolgreiche Zusammenarbeit, das ist auf der Trainingsfläche nicht anders als in einem Unternehmen.

Man darf da auch mal kritisch sein, aber man sollte es Auge in Auge und hinter verschlossenen Türen tun. Das haben große Trainer längst begriffen. Jupp Heynckes etwa kam öffentlich nie ein böses Wort über die Lippen. Doch er war bekannt dafür, dass er bis spät in den Nachmittag Spieler in sein Büro kommen ließ, um mit ihnen über ihre Leistungen auf dem Platz und im Training, ihre Rolle in der Mannschaft usw. zu sprechen. Da wurde es dann deutlich und direkt, und mit dieser Art der Menschenführung hat Heynckes unzählige Spieler entwickelt, große Siege errungen und Titel gefeiert.

Ein Vorbild ist für mich beim Thema Kommunikation auch Harold Kreis, mit dem wir bei der Eishockey-Weltmeisterschaft in Finnland Silber gewannen. Er führt im alltäglichen Miteinander, denn ein Trainerbüro gibt es bei einem WM-Turnier eher nicht. Das fängt bei ihm schon am Frühstücksbuffet an. Da saß er stets unheimlich lange und unterhielt sich mal mit dem einen, dann mit dem anderen. Mich fragte er über meine Gadgets aus, wollte wissen, wie ich den Sport eigentlich in meinen stressigen Alltag einbauen könne. Dadurch brachte er jedem Einzelnen eine unheimliche Wertschätzung entgegen. Auch nach dem Essen saß er oft noch mit einem Spieler oder einem Betreuer da, und erfuhr so von den Sorgen und Nöten, von den Träumen und Hoffnungen und wusste, wie er die Spieler zu nehmen hatte.

Die ehrliche Kommunikation ist als direkter Coach eines Athleten etwas einfacher. Und sie ergibt für den Sportler – egal ob Profi oder Amateur – absolut Sinn. Denn sie sind bei einem Experten, der sein Metier versteht. Für meine Wohnung habe ich eine Putzhilfe. Ich könnte das auch selbst. Ich habe das bei der Bundeswehr gelernt, da war ich auf der Stube lange für die Toiletten verantwortlich. Aber es würde mich viel Zeit kosten, in der ich arbeiten, Trainingspläne schreiben oder Termine organisieren könnte. Deshalb stelle ich lieber jemanden ein, der für einen guten Stundenlohn meine Wohnung sauber hält. Dann hat er Geld verdient, ich in der Zeit vielleicht ein bisschen mehr, und ich habe einen Kunden glücklich gemacht – da gewinnen am Ende alle.

Deshalb haben auch viele Unternehmer einen Fahrer. Das ist nicht aus Standesdünkel oder weil sie zu faul sind. Es ist schlicht nicht effektiv, selbst zu fahren, wenn man in der gleichen Zeit auch arbeiten kann. Und wer es sich leisten kann, der sollte sich einen guten Fitnesscoach leisten, statt zwei Stunden allein im Gym zu verschwenden. Mit dem Coach arbeitet man dann eine Stunde konzentriert, man ist nicht allein und kann auch mal lachen, und der Output ist viel besser als ohne. Das ergibt für alle Seiten Sinn. Und es macht auch viel mehr Spaß.

Die ago.sport-Philosophie

Damit sich meine Kunden wohlfühlen, damit sie ein hochprofessionelles Training erhalten und zufrieden nach Hause gehen, muss das Setting bei ago.sport absolut stimmen. Für meine Mitarbeiterinnen und Mitarbeiter – aber auch für mich selbst – habe ich deshalb ein kleines Handbuch entwickelt, in dem die wesentlichen Aspekte unseres Coachings zusammengefasst sind.

Im Mittelpunkt steht dabei immer der Athlet. Der Schlüssel für ein erfolgreiches Coaching ist die persönliche Beziehung zum Sportler. Diese beginnt bereits vor dem ersten Gespräch. Da der erste Kontakt oft entscheidend ist, ist es wichtig, gut vorbereitet in dieses Gespräch zu gehen. Ich versuche, möglichst viel über den Hintergrund des Athleten zu erfahren, nutze die Möglichkeiten von Social Media & Co., um mich über die Situation, Hobbys und Vorlieben meines potenziellen Kunden zu informieren, um schnell eine Gesprächsbasis zu schaffen, auf der man aufbauen kann. Der Sportler soll merken, dass man sich für ihn interessiert, sodass er sich bei uns zu Hause fühlt.

Dazu gehört auch, dass seine Trainingsfläche vorbereitet ist, ein Handtuch, eine Flasche Wasser und Trainingsutensilien wie eine Blackroll auf der Matte für den Athleten bereitliegen. Wir achten auf den richtigen Umgang mit dem Athleten, sind freundlich und zugewandt, achten aber auch auf Kleinigkeiten wie angemessene Kleidung mit langen Hosen und ein gepflegtes Äußeres. Bei uns im Klub hängt keine Uhr, das Training dauert so lange, wie das Training dauert, und der Trainer hat die Kontrolle über die Zeit. Außerdem findet man bei uns auch keine Spiegel an der Wand. Es geht schließlich nicht um das Posieren, sondern um das richtige Körpergefühl. Und der Trainer ist das Auge für die zusätzliche Kontrolle.

Ich ermuntere meine Trainer, mit allen Sinnen zu coachen. Sie sollen genau hinschauen, wie der Athlet wirkt, welche Energie er ausstrahlt. Sie sollen zuhören, was ihn bewegt, was ihm auf der Seele liegt. Riechen ist ein Sinn in beide Richtungen: Der Trainer soll gut riechen, aber nicht aufdringlich, die Zähne sollen geputzt sein. Beim Athleten merkt der Trainer vielleicht, dass er Alkohol getrunken oder etwas Intensives gegessen hat und kann entsprechend reagieren. Das „Tasten“ sollte vorsichtig erfolgen, das Berühren des Athleten sollte immer nach „Vorwarnung“ und dezent erfolgen, aber so kann man eine saubere Ausführung besser begleiten. Nur das Schmecken wird im täglichen Umgang weniger gebraucht.

Insgesamt ist aber die persönliche Beziehung zwischen Trainer und Athlet wesentlich für ein erfolgreiches Coaching. Es gibt Athleten, die lieber von einer Frau trainiert werden wollen oder mit meiner Art nicht zurechtkommen. Das ist kein Problem, aber dann müssen sich beide Seiten darüber im Klaren sein, dass eine fruchtbare Zusammenarbeit mit mir dann schwierig wird, und sich gegebenenfalls anders orientieren. So etwas passiert und ist auch gar nicht schlimm.

Ansonsten ist es aber eine meiner größten Stärken, mich auf andere Menschen einzustellen. Es ist enorm wichtig, möglichst schnell auf einen gemeinsamen Nenner zu kommen, wenn man fruchtbar arbeiten will. Deshalb beschäftige ich mich so intensiv mit den Menschen. Je mehr man weiß, desto mehr Respekt hat man vor seinem Gegenüber. Hat man den Athleten erst einmal auf seiner Seite, kann man nach und nach seine eigenen Dinge einbringen. Ich glaube, hier liegt der Schlüssel in der guten oder eben exzellenten Zusammenarbeit: sich damit zu beschäftigen, auf welchem Weg man sein Gegenüber am besten erreicht. Er soll das Gefühl haben, dass man ihm in dieser Stunde seine komplette Aufmerksamkeit schenkt – das gibt es heute kaum noch und ist deshalb ungeheuer wertvoll.

Coaching-Tipps für gute Kommunikation

- *Erfasse die Stimmung deines Athleten/Kunden/Angestellten.*
- *Frage viel, erzähl wenig: Den Sportler interessiert im Zweifel nicht, wie du dich fühlst. Es geht darum, dass er sich gut fühlt, wo es vielleicht zwickt und wie belastbar er ist.*
- *Sei informiert über das Tagesgeschehen, hab Themen für den Smalltalk bereit.*
- *Der Kunde macht die Musik: Dem soll das Umfeld gefallen, nicht dem Coach – das macht das Ackern leichter.*

Athletikcoach im Profisport

Ähnlich ist es beim Athletiktraining der Mannschaften. Hier bin ich Teil eines Trainerteams und einem Headcoach unterstellt. Da habe ich in den verschiedensten Sportarten schon die unterschiedlichsten Charaktere erlebt. Die Kunst ist aber auch hier, sich anzupassen. Zuerst muss man eine Basis aufbauen, herausfinden, welche Schwerpunkte dem neuen sportartspezifischen Trainer wichtig sind. Wenn eine gemeinsame Vertrauensbasis geschaffen ist, kann ich gegebenenfalls eigene Vorschläge und Ansätze einbringen.

Der Vorteil ist, dass moderne Trainer keine Mikromanager mehr sind, sondern ihren Spezialisten vertrauen. Ich kann meine Philosophie auch zurückstellen, erst einmal zuhören und mich anpassen.

Wenn die Leute mich sehen, denken sie oft, dass ich das nicht kann, weil ich laut und offen bin, großgewachsen und nur schwer zu übersehen. Aber da täuscht der erste Blick. Es ist ein Schlüssel zum Erfolg, im Kopf so flexibel zu sein, dass man auf unterschiedliche Anforderungen angemessen reagieren kann.

Am Ende will ich meine Expertise einbringen, wohlwissend, dass man eigentlich nichts zu sagen hat – aber trotzdem eine Wirkung erzielen möchte. Es wäre allerdings auch nicht sehr klug von einem Cheftrainer, mein Know-how nicht zu nutzen – so ist es mir noch immer gelungen, eine produktive Arbeitsatmosphäre bei meinen Teams und zwischen mir und den jeweiligen Coaches zu schaffen.

Bei den Teams bin ich Spezialist, ein Rädchen im Getriebe, aber bei meinen Athleten und Privatkunden agiere ich eher generalistisch, versuche, mir ein Gesamtbild zu machen und daran zu arbeiten. Ganzheitlich bedeutet für mich, dass wir auf vier Teilbereiche achten. Erstens auf die richtige Einstellung im Training und im Wettkampf – das richtige Mindset ist die Basis für alles weitere. Dann geht es um eine gesunde Ernährung, die den Körper leistungsfähig hält. Das ist die Grundvoraussetzung, um im Training frisch und motiviert zu sein und das Programm durchzuziehen. Wir suchen nach der richtigen Balance zwischen Kraft und Ausdauertraining. Nach der Anstrengung ist die richtige Regeneration wichtig. Mindset, Ernährung, Training und Regeneration – das sind unsere vier Überschriften, wenn es gilt: „Being a Pro“: Wie lebe ich als Profisportler professionell? Was kann der Hobbysportler davon übernehmen? Und wie kann ein Coach beide dabei unterstützen?

Kapitel 2
Mindset

Profi sein ist nicht einfach

Mannschaftssportler haben oft mit dem Vorurteil zu kämpfen, dass sie das coolste Leben führen. Gerade Profis in der Fußball-Bundesliga würden viel Geld verdienen, seien ein-, höchstens zweimal am Tag auf dem Trainingsplatz und hätten ansonsten den ganzen Tag frei. Dann noch ein bisschen einkaufen, Playstation spielen, und schon können sie wieder schlafen gehen.

Ein bisschen was ist da auch dran. Im Gegensatz zu einem Judoka zum Beispiel, der, wenn er zur Spitze in seinem Sport gehören will, sein Hobby mit zehn, elf Einheiten in der Woche neben der Arbeit am Laufen hält, geht es gerade den Fußballern gut. Meist kommen die Profis gegen neun Uhr am Trainingsgelände an, und wenn sie um 13, 14 Uhr wieder abfahren, haben sie gefrühstückt, zu Mittag gegessen, sind behandelt worden und haben ihr Mannschaftstraining hinter sich.

Aber es ist nur die eine Seite der Medaille. Denn das Profileben ist oft hart, es ist unerbittlich, es ist von Verzicht geprägt, gerade mental ist der Druck phasenweise riesig, und es bedarf großer Stärke, ihn auszuhalten oder besser noch in positive Energie umzuwandeln.

Im Mannschaftsport ist alles auf das Wochenende ausgerichtet. Am Spieltag zählt es, da müssen die Profis bereit sein, da werden sie mit der Realität konfrontiert, oder besser gesagt: Die ganze Arbeit wird daran gemessen, wie das Ergebnis am Samstag ausfällt.

Da kann man sich also noch so professionell verhalten, noch so gut trainieren, wenn die Leistung am Samstag nicht stimmt, war alles für die Katz. Hunderttausende, vielleicht sogar Millionen schauen zu, das Internet ist voll, und jeder kann die Leistung mit Kommentaren bewerten. Und mehr noch: Durch die emotionale Bindung vieler Menschen an ihren Verein wird das Schwarz-Weiß-Denken natürlich noch intensiver – mein Studio liegt direkt hinter der Nordtribüne des RheinEnergieSTADIONS, der 1. FC Köln ist ein ständiger Begleiter, hier schlagen die Emotionen besonders stark in die eine oder andere Richtung.

Das ganze Leben für das Spiel

Hinzu kommt, dass man sein ganzes Tun und Handeln darauf ausrichten sollte, eine gute Leistung abzuliefern. Wie für die meisten Menschen ist es auch für Profisportler gut, acht bis neun Stunden zu schlafen. Das heißt, wenn man morgens um 9 Uhr am Trainingsgelände sein möchte, sollte man spätestens um 23 Uhr am Vorabend die Segel streichen.

Wenn also in der Kölnarena ein Konzert ist, das länger dauert, dann kann man da als Sportler eigentlich nicht hingehen. Schließlich ist man eine öffentliche Person, man wird gesehen, vielleicht in den sozialen Netzwerken gepostet, es spricht sich rum, wenn man mal unterwegs ist. Das Gleiche gilt für Geburtstage, Hochzeiten, Partys, was auch immer: Das Tun hat reale Konsequenzen. Man hat vielleicht zu viel und nicht so gesund gegessen, man hat ein bisschen Alkohol getrunken und viele Leute getroffen – das sind alles Stressfaktoren, die sich auf den Schlaf auswirken. Dieser Stress beeinflusst die Leistungsfähigkeit am nächsten Tag, dazu kommt die erhöhte Ansteckungsgefahr für Infektionskrankheiten.

Natürlich wäre die Alternative leistungsfördernder: Man hätte sich stattdessen auch mit seinen Recovery Boots und der Blaulichtfilterbrille vor den Fernseher setzen, einen Salat mit Putenbrust essen und früh ins Bett gehen können. Schlafmanagement und Regeneration sind immer wichtig, aber man sollte da auch nicht allzu päpstlich sein: Manchmal müssen und dürfen diese jungen Menschen auch das Leben genießen, doch wer sich für eine Sportlerkarriere entscheidet, der weiß, dass der Verzicht auf bestimmte Dinge dazugehört.

Beim Essen ist es ähnlich, es beginnt mit der Vorgabe, sein Gewicht zu halten. Der Druck ist immer im Hinterkopf: Im Mannschaftssport ist es üblich, dass alle Profis einmal pro Woche gewogen werden. Die Ergebnisse gehen dann an den Trainerstab, aber natürlich bekommen auch die Mitspieler mit, wenn ein Kollege plötzlich zu viel auf die Waage bringt. Das Gleiche gilt für den Körperfettanteil. Wenn also ein Spieler nach einer Pause, zum Beispiel im Sommer oder Winter, plötzlich die Vorgaben sprengt und deutlich zu viel wiegt, gibt es Strafen. Pro 100 Gramm steigt die Höhe des Bußgelds, und da geht es nicht um Kleingeld, die Summen sind oft empfindlich hoch.

Dazu kommt: Jeder sieht natürlich, wenn ein Profi zu viel auf den Rippen hat. Die Mitspieler reden, die Betreuer tuscheln, die Journalisten auf dem Trainingsplatz merken es unter Umständen auch. Im normalen Leben interessiert so etwas niemanden, im Zweifelsfall hilft mehr Kleidung, aber in den engen Trikots der Mannschaftssportler ist das schwer zu kaschieren. Wenn dann die Leistung nicht stimmt, gehen in den sozialen Netzwerken die Kommentare los.

Auch beim Training herrscht Dauerdruck: Ich trainiere eigentlich immer gerne und muss mich nur sehr selten motivieren. Aber letztlich bin ich ein Hobbysportler, und auch wenn ich in manchen Bereichen vielleicht sogar fitter bin als mancher Profisportler, habe ich nicht den Druck wie ein Athlet, der den Sport als Beruf ausübt. Ich kann mir aussuchen, ob ich trainiere oder pausiere, ob ich heute laufen gehe oder ob ich lieber Krafttraining mache, es interessiert niemanden. Als Profisportler musst du trainieren, wenn du kannst, und zwar das, was der Cheftrainer an einem bestimmten Tag zu einer bestimmten Uhrzeit gerade vorgegeben hat. Wenn du nicht kannst, hat das Konsequenzen, zum Beispiel, dass du am Wochenende nicht spielst. Das ist für mich ein großer Unterschied.

Die Kunst des Profis ist es, sich auch dann zu motivieren, wenn man mal einen schlechten Tag hat, der Haussegen schief hängt, der

Trainer einen in den Senkel stellt. Auch wenn der Wind pfeift und der Regen peitscht, wenn es kalt oder unerträglich heiß ist – immer ist Leistung gefragt. Deshalb geht Disziplin vor Motivation.

Da bewundere ich vor allem meine Rennradfreunde Rick Zabel und Nils Politt, wenn sie im November bei fünf Grad und Nieselregen sagen, dass sie jetzt sechs Stunden durch die Eifel fahren, um zu trainieren. Alleine. Das ist noch mal eine andere Ebene, weil du keine Kumpels hast, mit denen du ein „bisschen" Fußball oder Hockey spielen kannst. Das sind die Momente, wo sich dann oft gerade in solchen Sportarten die Spreu vom Weizen trennt, wo sich zeigt, wer den Biss hat, es in die großen Teams, zu den großen Rundfahrten zu schaffen.

Im Mannschaftssport kommt aber noch ein Moment hinzu, der die gemeinsame Arbeit in einem Verein besonders macht: Bei allem Teamdenken gibt es auch eine gegenseitige Konkurrenz. So hat letztlich jeder auch seine eigene Agenda. Sowohl der Trainer als auch der Profi leben in Vertragslaufzeiten. Bei dem einen läuft der Vertrag aus, der andere hat gerade langfristig verlängert, bei dem dritten winkt eine Verlängerung bei einer bestimmten Anzahl von Spielen. Aber letztlich hangeln sich alle von Vertrag zu Vertrag, alle paar Wochen gibt es ein „Transfermarkt-Update", das in den Medien diskutiert wird, jede schlechte Leistung, jede Verletzung hat ebenso Konsequenzen wie die überragende Leistung beim Sieg der Mannschaft. So schauen alle: Was muss jeder für sich tun, um besser zu werden?

Schwierig ist auch der Umgang mit Niederlagen und Misserfolgen. Wenn die Spieler der Kölner Haie nach einer Pleite im Bus sitzen und von Bremerhaven, Augsburg oder München zurück zum Dom fahren, schläft erst mal keiner. Niemanden im Profisport lässt ein Misserfolg kalt. Es ist eine große Kunst, zu lernen, mit Niederlagen umzugehen, Dinge zu relativieren und seine persönlichen Ziele ebenfalls im Blick zu haben, seine Statistiken und so weiter, während man gemeinsam versucht, die Teamziele umzusetzen.

Ein weiteres Thema im Profisport ist Alkohol oder andere Substanzen als Druckventil. Laut einer schwedischen Studie ist Alkoholismus unter Profisportler nicht weniger weit verbreitet als im Rest der Gesellschaft. Das überrascht nicht, weil so mancher ihn als Mittel nutzt, um nach den Spielen runterzukommen. Andere nehmen Schlaftabletten oder sonstige Beruhigungsmittel. Es gibt genügend prominente Beispiele für den Missbrauch von Alkohol oder Drogen im Sport. Die Dunkelziffer ist so groß wie die Versuchung, mit dem Griff zur Flasche oder Pille den Druck abzubauen, was allerdings mit zunehmender Zeit immer schwieriger wird. Das alles wird gefördert durch eine Gesellschaft mit einer problematischen Trinkkultur. Kein Fußballclub ohne Brauereisponsor, Alkohol ist allgemein nicht nur akzeptiert, bei Feierlichkeiten wird er bisweilen gar erwartet.

Deshalb ist es wichtig, an der richtigen Einstellung zu arbeiten, um Abhängigkeiten zu vermeiden. Denn der Druck, der von den Emotionen, der Kurzfristigkeit und den Erwartungen der Öffentlichkeit ausgeht, ist das, was den Beruf des Profisportlers so schwierig macht. Es ist aber auch der Druck, den der eine oder andere Unternehmer spürt, wenn er nicht nur für sein Unternehmen, sondern auch für seine Mitarbeiter verantwortlich ist. Oder der Fernsehmoderator, der zur besten Sendezeit abliefern muss – unter den Augen des Publikums und der Medien.

Deshalb ist es wichtig, Instrumente zu kennen und mit ihnen umgehen zu können, um diese Stressfaktoren zu kanalisieren und zu verarbeiten. Weiter unten werden wir auf einige Methoden eingehen, die man auch im Alltag anwenden kann. Ein Mittel, um den Druck gar nicht erst zu groß werden zu lassen, ist, sich schon gleich zu Beginn die richtigen Ziele zu setzen.

Die richtigen Ziele

„Jeder kann alles schaffen – wenn er nur hart genug dafür arbeitet." Dieser Glaubenssatz begegnet mir beinahe täglich, ob in der Werbung oder in den sozialen Medien. Es ist so etwas wie das Grundcredo unserer westlichen Gesellschaften. Jeder kann es schaffen, wenn er nur hart genug dafür arbeitet, die amerikanische Cinderella-Story „Vom Tellerwäscher zum Millionär", sie ist auch unter Sportlern alltäglich.

Die bittere Wahrheit aber ist: Das ist Quatsch. Es ist sicher möglich, mit stetiger Übung einen Sport oder ein Musikinstrument wirklich gut zu beherrschen. Aber du kannst so hart arbeiten, wie du willst, wenn du neben der harten Arbeit nicht auch noch weitere Talente hast, wirst du es niemals bis ganz nach oben schaffen. Wenn du im Basketball kein Gefühl für den Ball in den Fingern hast oder nicht groß genug bist, dann wird es nicht reichen. Wenn der Fußball dir nicht gehorcht, du nicht schnell bist und weder den linken noch den rechten Fuß fürs Kicken gebrauchen kannst, dann hast du keine Chance. Das Gleiche gilt fürs Eishockey: Wenn du kein Talent fürs Schlittschuhlaufen hast und nicht auch noch parallel mit der Scheibe umgehen kannst, dann hast du die Chance, durch tägliches Üben dich auf ein gutes Level zu bringen – aber mehr eben auch nicht.

Man sagt 10 000 Stunden braucht man, um es in einer Fähigkeit wirklich zu etwas zu bringen – die Volksweisheit „Übung macht den Meister" hat der US-Psychologe Karl Anders Ericsson in diese Formel gebracht. Der hatte gemeinsam mit seinen Kollegen Ralf Krampe und Clemens Tesch-Römer beobachtet, dass die besten Schüler seiner Musikakademie schon seit frühester Kindheit regelmäßig mehr Stunden mit Üben an ihren Instrumenten verbracht hatten als ihre eher durchschnittlichen Kommilitonen. Eine andere Weisheit lautet: Wenn du etwas jeden Tag 18 Minuten lang machst über ein Jahr – etwa Klavierspielen – dann gehörst du zu den oberen fünf Prozent an diesem Instrument.

Das mag alles sein, aber wie schon Kritiker Ericssons festgestellt haben: Manche brauchen weniger als 10 000 Stunden bis ganz nach oben. Und die allermeisten mögen etwas nach reichlich intensiver Übung meisterhaft beherrschen. Doch bis zur absoluten Spitze, den oberen 0,5 Prozent, werden sie niemals kommen, denn da braucht es neben der Hingabe und dem Fleiß auch das gewisse Etwas, das nötige Talent.

Doch da sich jeder nach seiner Decke streckt, kann er für sich individuelle Ziele festlegen. Für die einen ist es der Marathon, andere dürfen ebenfalls zu Recht stolz auf sich sein, wenn sie einen Halbmarathon absolviert haben. Für die meisten ist es toll, wenn sie nach monatelangem Training irgendwann vorm Besenwagen über die Ziellinie kommen. Jeder, der das schafft, hat Respekt verdient, die Zeiten spielen eigentlich keine Rolle. Aber fast noch entscheidender als das Rennen selbst ist die Frage: Was kommt dann?

Bereits im Ziel steht man vor einer Weggabelung. Alle können sich feiern, weil sie es geschafft haben. Aber viele haken das dann als Lebenserfahrung ab, lassen sich gehen, die mühsam erarbeitete Form ist nach acht Wochen wieder dahin, und der klassische Jo-Jo-Effekt setzt ein. „Use it or lose it" ist ein bekannter Spruch aus der Fitnessbranche mit einem sehr wahren Kern: Wer seine mühsam trainierten Muskeln nicht in Form hält, wird sie irgendwann wieder verlieren.

Was es heißt, ein Läufer zu sein

Es gibt dann aber auch die, die etwas begriffen haben, die zu „wirklichen" Läufern werden – sie setzen sich ein prozessorientiertes Ziel. Sie schaffen sich eine Routine, sie lecken sicher ein paar Tage ihre Wunden und Wehwehchen, aber spätestens nach einer Woche geht es weiter, man läuft wieder drei-, viermal die Woche und richtet auch einen Teil seines Lebens danach aus. Das sind diejenigen, die sich im Ziel nur wenige Sekunden nach dem Gedanken „Ich mach den Scheiß nie wieder" mit der Frage beschäftigen: „What's next?" Welche Zeit, welchen Marathon nehme ich mir als Nächstes vor?

Ein Teil aber denkt nicht in prozessorientierten Zielen, sondern jagt dem reinen Ergebnis hinterher und hat am Ende nicht wirklich etwas erreicht. Ich vergleiche das gern mit der klassischen Kohldiät, in der man acht Wochen nur Grünzeug futtert, erstaunliche Mengen abnimmt, dann aber wieder isst wie vorher, und oft hat man am Ende mehr auf den Rippen als vor der Diät.

Hier kommen wir an den entscheidenden Punkt, wenn es darum geht, einen gesunden Lebensstil zu führen, der glücklicher und leistungsfähiger macht: Der Schlüssel ist ein funktionierendes System, das im stressigen Alltag auch langfristig nicht aus den Augen verloren wird.

Warum ich sage glücklicher? Weil es wissenschaftlich erwiesen ist, dass es nie den einen Punkt geben wird, den man erreichen muss, um für immer glücklich zu sein. Weder nach dem geschafften Marathon noch nach dem ersten Ferrari oder dem Unterschreiten einer gewissen Gewichtsmarke. Irgendwann kommt zwangsläufig der Punkt, an dem die Endorphinausschüttung endet und wieder ein Normalzustand erreicht wird. Der Schlüssel ist, dass man in seinem Setting aus Familie, Arbeit, Sport und Ernährung glücklich und zufrieden ist. Mit einem gesunden Geist und einem guten Körpergefühl. In diesem System kann man sich dann Dinge vornehmen, Ziele definieren.

Als Trainer stellt man ständig die eine Frage: Was ist dein Ziel? Im Personal-Trainer-Bereich kommt es immer wieder vor, dass Kunden sich optische Vorbilder nehmen und sagen: Der Schauspieler oder die Schauspielerin, The Rock oder Arnold Schwarzenegger sind meine Vorbilder, so möchte ich aussehen. Geht das? Die Antwort ist ein klares: Jein. Theoretisch geht das natürlich. Aber es stellt sich die Frage: Was bist du bereit, zu investieren? Das Ziel, wie ein Bodybuilding-Idol auszusehen, ist alles andere als SMART, also clever.

Nach der SMART-Formel treffe ich die Vereinbarungen mit meinen Athleten: Ziele müssen SPEZIFISCH, MESSBAR, ATTRAKTIV, REALISTISCH und TERMINIERT sein. Ein Beispiel wäre für einen Mann: Drei Kilogramm Muskelmasse in einem Jahr aufbauen. Das ist ein realistisches Ziel, es ist attraktiv, denn man wird besser aussehen, es hat ein klares Datum, und es ist absolut erreichbar.

Die Frage ist, wenn du das Ziel setzt: Was bist du bereit dafür zu tun? Wenn du zweimal die Woche trainierst, aber sonst nichts an deinem Lifestyle änderst – wie du schläfst, wie du regenerierst, wie du dich ernährst –, dann wird man das nicht sehen. Natürlich ist das Training gut für den Sportler, doch niemand wird ihn darauf ansprechen, dass er doch jetzt Krafttraining betreibt. Die Figur von The Rock, sie wird ein Traum bleiben. Er wird sich besser fühlen, mehr Energie haben, mehr Körperspannung, aber das heißt nicht, dass er deutlich Muskulatur aufbaut. Das ist nicht schlimm, aber man muss sich dessen bewusst sein.

Man muss Realist sein. Ist es für Arne Greskowiak möglich, einen Marathon unter 2:30 Stunden zu laufen? Nein. Ist es möglich, ihn unter drei Stunden zu laufen? Ja, denn ich bin ihn gerade in 3:10 Stunden gelaufen, und wenn ich leichter bin, gezielter trainiere, kann ich meine Zeit verbessern. Die Frage ist: Will ich das? Und passt mein Ziel mit meinem Training überein? Dann muss ich nur noch danach handeln, und ich kann es erreichen.

Zurück zum Spitzensport: Ich bin jetzt kein wirklicher Basketball-Fachmann, genauso wenig ein Experte der tieferen Taktik im Fußball, ich kenne im Eishockey die Grundlagen, beim Handball durch das eigene Spielen schon ein bisschen mehr. Aber sicher habe ich deutlich mehr Wissen über diese Sportarten als der Durchschnitt der Gesellschaft, denn ich beschäftige mich damit, bin aber eben kein Fachmann in der Sportart selbst, sondern im Training zur Schaffung der physischen und psychischen Voraussetzungen. Ich arbeite täglich mit Athleten, ich sehe sie trainieren, spielen. Ich höre ihre Gespräche, bekomme ihren Antrieb genauso mit wie ihren Frust und ihre Sorgen.

Ich habe mir gerade beim Eishockey und beim Basketball durch die Arbeit mit erfolgreichen Sportlern und Trainern, durch das Begleiten vieler Lehrgänge, Spiele und Turniere ein gewisses Fachwissen angeeignet. Doch ich würde mich nie als einen Experten bezeichnen, der letztlich beurteilen kann, ob wir die richtigen Spieler geholt haben, die richtige Aufstellung ausgewählt oder die richtige Taktik gegen den letzten Gegner gewählt haben. Das ist nicht meine Aufgabe, und deshalb habe ich auch keinen direkten Einfluss darauf, ob wir gewinnen oder verlieren.

Aber: Ich kann beeinflussen, in welcher körperlichen Verfassung wir sind, welche Stimmung wir haben, welches Energielevel wir ins Spiel einbringen können. Habe ich also einen unmittelbaren Einfluss darauf, ob wir gewinnen oder verlieren? Die Antwort auch hier wieder ein klares: Jein.

Deshalb richte ich meinen Blick auf prozessorientierte Ziele. Zum Beispiel: Wie viele Verletzte haben wir? Welche Art Verletzungen haben sie? Sind das Non-Contact-Injurys? Ist ein Spieler also umgeknickt, was auf fehlende Stabilität hinweist? Hat er sich einen Muskelfaserriss geholt oder Ähnliches, was ein Hinweis auf Defizite beim Warm-up geben könnte? Oder hat er sich die Verletzung aus einem Zusammenprall geholt?

Ich habe auch die Möglichkeit, mit einzelnen Spielern an individuellen Zielen zu arbeiten. Gerade die jungen Spieler, Talente, die gerade dazugestoßen sind, oder Athleten, die aus längeren Verletzungen zurückkehren, die muss man anders packen als Stammspieler. Mit ihnen kannst du an der Schnelligkeit arbeiten, an der Kraft, an der Beweglichkeit oder der Ausdauer und persönliche Ziele vereinbaren.

Für den Profi- wie für den Hobbysportler ist der Schlüssel zu einem gesünderen, erfolgreicheren Leben ein System aufbauen, einen Lifestyle zu implementieren, der zu den Zielen passt, die man sich vorgenommen hat. Und dazu gehört gerade für den Profisportler neben dem Training natürlich die Ernährung, Regeneration, das richtige Mindset. Wenn man ein Läufer ist, dann geht man eben regelmäßig laufen. Und wenn man das Ziel hat, einen Transalpine-Run zu überstehen, obwohl man einen fordernden Job und Kinder hat, dann muss man dafür leben und morgens um vier Uhr aufstehen, um zwei Stunden im Siebengebirge Höhenmeter zu schrubben. Oder man muss seine Ziele dem anpassen, was man bereit ist, in sie zu investieren.

Der größte Sieg ist, wenn man einen Lifestyle genießt, ihn mit offenen Armen annimmt, ihn umarmt. Denn wenn das Spaß macht, der Prozess stimmt und man ihm folgt, dann steigert sich die Leistungsfähigkeit von selbst. Das ist planbar.

Tools für die richtige Zielsetzung

- *Schaffe ein System, in dem du oder dein Sportler perfekt arbeiten können.*
- *Denke ganzheitlich, neben dem Training gehören auch Ernährung, Mindset und Regeneration dazu.*
- *Setze prozessorientierte Ziele. Glaube an den Prozess und verfolge ihn, um deine Ziele zu erreichen, Rückschläge gehören dazu.*
- *Orientiere dich bei der Zielsetzung an der SMART-Formel.*

Dranbleiben – Disziplin versus Motivation

Der Zeitpunkt, an dem sich der Sportler ein Ziel gesetzt hat und gegebenenfalls auch ein Plan mit kleinen Zwischenzielen für die Umsetzung gemacht wurde, ist der Moment, um loszulegen. Naturgemäß ist die Motivation gerade zu Beginn außerordentlich hoch. Das dürfte Profis nicht anders gehen, wenn sie beim neuen Club zum ersten Training im Sommer erscheinen.

Doch es werden auch die Momente kommen, in denen es hart wird. Wenn der lange Lauf ansteht und es draußen in Strömen regnet, wenn die Couch lockt und doch noch das Krafttraining angesetzt ist. Wenn der Fußballer nach dem dritten Spiel ohne Einsatz an einem Novembermorgen zum Training oder der Radprofi die Berge der Eifel bezwingen muss, in denen er nach all den Jahren jede Kurve und jede Abfahrt in und auswendig kennt. Dann sinkt der Motivationsgrad, und dann kommt die Disziplin ins Spiel. Nun wird es spannend. Denn die Herausforderung besteht darin, genau jetzt weiterzumachen. Motivation kommt und geht, aber ohne diese Disziplin wirst du es nicht schaffen.

„Champions do what is needed, regardless of how they feel", hat es Mindset-Coach und Bestsellerautor Allistair McCaw prägnant ausgedrückt. Wenn jemand also davon träumt, einen Oberkörper wie Michael Phelps zu haben, dann sollte ihm auch klar sein, dass der vor seinen letzten Olympiasiegen vier Jahre lang jeden Tag trainiert hat, meist mehrere Stunden.

Diese unerschütterliche Disziplin ist es, was Profis und noch mehr was Champions vom Rest unterscheidet. Dafür gibt es eine Menge Beispiele. Wenn beispielsweise im Trainingscamp der Los Angeles Lakers die meisten Spieler gegen 9 Uhr zum Training erscheinen, sitzt da nicht selten bereits NBA-Legende LeBron James mit dicken Eisbeuteln um seine Knie – er hat sein dreistündiges Training bereits hinter sich. Als legendär galt auch der Trainingsfleiß des einstigen deutschen Superstars Dirk Nowitzki, der Wurf für Wurf abertausendmal übte, damit die Abläufe im Ernstfall auch sitzen. Phelps, LeBron, Nowitzki sind nur drei Beispiele, die zeigen: Die wahren Champions sind auch Meister der Disziplin.

Für den Hobbysportler genügen je nach Ziel deutlich weniger Einheiten. Trotzdem muss auch er eine Routine aufbauen, in der Training nicht verhandelbar ist. Da kann eine Morgenroutine helfen. Wer gleich nach dem Aufstehen und einem großen Glas Wasser in seine Sportschuhe steigt, um die Cardio-Einheit hinter sich zu bringen, der gibt seinem Gehirn im Grunde gar keine Möglichkeit, auf „dumme Gedanken" wie Ausreden oder Ähnliches zu kommen. Bevor dieses Karussell überhaupt losgehen kann, warum man gerade in diesem Moment nicht trainieren möchte oder kann, hat man schon angefangen – und das ist meist der schwierigste Schritt. Das meinte McCaw: Wenn du erstmal auf deine Gedanken und Gefühle hörst, also darauf, wie es dir geht und welche negativen Emotionen du hast, dann kommst du nicht ins Handeln. Du musst aufstehen und deine Routine abspulen, egal was ist.

Vorbereitung ist der Schlüssel

Doch was, wenn es ernst wird? Wenn der Spieltag ansteht, das wichtige Meeting, die Live-Sendung im TV? Eine Grundvoraussetzung ist eine professionelle Vorbereitung. Sie kann schon der Schlüssel dafür sein, dass man in der Lage ist, eine absolute Topleistung abzuliefern. Diese Grundeinstellung ist mir über die Jahre in Fleisch und Blut übergegangen und ich lege sie auch jedem meiner Athleten nahe.

Um ehrlich zu sein: Bis zu meinem 20. Lebensjahr habe ich mir über so etwas wie Vorbereitung überhaupt keine Gedanken gemacht. Erst bei der Bundeswehr wurde mir eindringlich vermittelt, dass es nicht schaden kann, ja sogar überlebenswichtig sein kann, für den Ernstfall gerüstet zu sein. Das war nicht nur eine hohle Phrase, sondern wurde gelebt: Neben dem Bett eines jeden Rekruten stand ein sogenannter Alarmstuhl, auf dem die Kleidung für den nächsten Tag sorgfältig ausgebreitet lag. Alles liegt so, dass man sofort hineinschlüpfen kann: die Unterhose oben, die Strümpfe, die Hose offen und mit der Öffnung zu mir, damit ich im Ernstfall so schnell wie möglich angezogen bin. Auch meine Stiefel standen geschnürt und offen bereit.

Diese Routine habe ich zumindest teilweise bis heute beibehalten: Vor dem Schlafengehen bereite ich mich auf den nächsten Tag vor. Ich lege meine Kleider ab, packe meine Tasche. Ich habe oft Tage, an denen ich dreimal duschen muss, also brauche ich entsprechende Handtücher, Kleidung etc. Mein Essen steht auch schon im Kühlschrank, sodass ich morgens – wenn ich den Schlaf priorisieren möchte und schlafen will, so lange es geht – nach dem Aufstehen nur etwa 13 Minuten brauche, um das Haus zu verlassen, ohne etwas zu vergessen oder noch einmal in die Wohnung gehen zu müssen.

Das Gleiche gilt auch für die Terminkoordination und Trainingsplanung. Das ist eines der Erfolgsgeheimnisse für erfolgreiches Personal Training: Man muss sich in die Lage seiner Kunden hineinversetzen. Für sie steht das Training meist nicht an erster Stelle. Deshalb gehen wir bei ago.sport aktiv auf unsere Kunden zu und sagen: Hey, wie sieht es nächste Woche aus? Dann koordinieren wir alles weitere, aber der Athlet steht schon mal im Wort.

Auch der Trainingsplan ist Teil der Vorbereitung. Als ich mit Alexander bei Fitness First in der Schildergasse angefangen habe, hatten alle noch Klemmbretter, auf denen sie die Trainingspläne der Kunden bearbeiten konnten. Das habe ich auch gemacht. Und ich habe heute noch unzählige DIN-A4-Ordner mit zigtausend Trainingsplänen, die ich damals für meine Kunden oder meine Teams erstellt hatte. Obendrauf hatte ich immer das Datum geschrieben, dann wussten die Kunden auch: Der Plan ist frisch geschrieben und auf mich zugeschnitten. Das kam gut an.

Als ich mehr Kunden hatte, bin ich auf eine digitale Datei umgestiegen. Wir erstellen sogenannte Playbooks für jeden Sportler. Darin stehen die persönlichen und biometrischen Daten des Trainierenden, sein Geburtstag, die Themen, die wir angehen wollen, seine Entwicklung.

So ein Playbook hatte ich auch für Frank Plasberg. Wir hatten uns zu einem Training bei ihm verabredet, und ich habe ihn nach seinem Energielevel gefragt. Der Ex-Moderator von *Hart aber fair* klagte über Rückenschmerzen oder Ähnliches, war also nicht besonders gut drauf. Ich schaute auf meinen Plan und überlegte, wie ich ihn anpassen könnte. Plasberg fragte mich: „Arne, du hast wirklich immer eine Marschroute, oder?" Ich nickte. „Ja, ich mache vor jedem Training einen Plan für den Kunden. Dann kann man immer noch, je nach Tagesform, Dinge ergänzen oder streichen." Frank Plasberg war beeindruckt, denn es erinnerte ihn an seine Vorbereitung für die Sendungen. „Ich gehe auch nie ohne einen Ablaufplan in die Sendungen. Natürlich kann immer etwas Unvorbereitetes passieren. Aber innerhalb des Gerüsts ist es viel einfacher zu improvisieren." Innerhalb der vorgegebenen Leitplanken fällt es nicht nur Frank Plasberg leichter zu improvisieren – mir geht es genauso.

Die minutiöse Vorbereitung gehört natürlich auch zum Profisport. Nehmen wir Eishockey. Manchmal sind wir schon drei Stunden vorher in der Halle. Da fragt man sich vielleicht: Was machen die da eigentlich? Aber das hat alles seinen Sinn. Da werden lange eingeübte Abläufe abgearbeitet. Und die Spieler sitzen natürlich nicht nur gelangweilt herum. Nein, jeder folgt erst einmal seiner eigenen Routine, schlüpft von der Straßenkleidung in die Sportkleidung. Er zieht seine Schlittschuhe an, holt sein Trikot, stellt seine Getränke, Energiegels oder -Riegel bereit. Er schneidet und tapt seinen Schläger, legt seine Schutzausrüstung bereit, sorgt dafür, dass alles, was er für das Spiel braucht, zur Verfügung steht.

Dann folgen die Meetings. Zuerst werden Videosequenzen gezeigt, dann wird das Verhalten in Über- und Unterzahl besprochen.

Dann beginnt das Aufwärmen, zuerst wird der Puck mit zwei Berührungen hochgehalten und im Kreis herumgespielt, um eine gewisse Lockerheit zu bekommen. Es folgt das Team-Warm-up, dann geht es in die einzelnen Gruppen, danach macht jeder Spieler sein individuelles Programm, manche steigen aufs Fahrrad, andere machen noch ein paar Kraftblöcke, das ist von Spieler zu Spieler unterschiedlich. Vierzig Minuten vor Spielbeginn geht es aufs Eis, und dann beginnt das Spiel. Jetzt wird nichts mehr dem Zufall überlassen, die Routine gibt Sicherheit, damit sich die Spieler auf das Wesentliche konzentrieren können.

In der Vorbereitung sollten möglichst alle denkbaren Risiken oder Stolpersteine durchdacht sein, ich gehe alle Szenarien im Kopf durch. Für mich geht es darum zu schauen: Stehen alle Riegel und Shakes bereit? Ist der Kraftraum ready? Funktionieren die Räder? Natürlich mache ich mir einen Plan, wer welche Übungen macht. Aber es kann passieren, dass jemand plötzlich Schmerzen hat, und für den Fall muss ich mir Alternativen überlegen. Man muss also vorbereitet sein, darf aber im Kopf nicht zu starr werden, damit man auf Unwägbarkeiten reagieren kann, die trotz aller Akribie natürlich passieren können.

Da ist jeder Sport speziell. Sehr interessant sind zum Beispiel auch die Routinen der Dartsprofis. Mit Max Hopp, der als erster Deutscher ein Turnier der PDC Pro Tour gewonnen hat, arbeite ich schon sehr lange zusammen. Ich durfte ihn einmal zur Promi-Dart-WM begleiten und habe mich gewundert, dass er vier Stunden vorher in die Arena wollte. Dort begann er zu werfen – und traf natürlich viel besser als jeder Hobbydarter, aber die Streuung war relativ groß. Doch durch die Routine, das ständige Werfen, kam er der Perfektion immer näher, der Pfeil landete immer öfter in der Triple 20, und mir wurde klar, dass auch in einem Sport wie Darts viel von einer professionellen Vorbereitung abhängt.

Je länger die Profis in ihren Sportarten im Geschäft sind, je größer der Verschleiß über die Jahre auch ist, umso akribischer, länger und minutiöser wird die Vorbereitung auf ihre Auftritte. Da kommen manchmal noch Physiotherapeuten dazu, das Aufwärmen wird zielgerichteter, man nimmt sich mehr Zeit. Eishockey-Nationalspieler Moritz Müller beispielsweise hat ein sehr gutes Programm (auf das er auch stolz ist), weil es alle Aspekte eines guten Warm-ups beinhaltet. Er startete immer mit einer Runde Two Touch, einem Fußballspiel, bei dem die Spieler im Kreis stehen und den Ball maximal zweimal berühren dürfen, bis sie ihn zu einem Mitspieler spielen. Berührt der Ball den Boden, kann der Mitspieler den Ball nicht annehmen, oder spielt man den Ball gegen die Decke, ist man aus dem Spiel raus.

Danach gehts für Mo in unsere zehnminütige Gruppenaktivierung. Lauf-ABC, Dynamisches Stretching und Laufdrills stehen auf dem Programm. Im Nachgang springt der Haie-Kapitän nochmal auf ein Spinning Bike, um die Beine zu lockern. Es folgt seine individuelle Mobilisation. Hierbei bewegt Mo alle Gelenke durch und ist danach „ready to go". Insgesamt benötigt der Nationalspieler knapp eine Stunde, um sich körperlich auf das Spiel vorzubereiten. Jedes Mal, seit über 1000 DEL-Spielen.

Mit Druck umgehen

Druck ist im Sport allgegenwärtig. In jedem Training gibt es den Konkurrenzkampf, aber wirklich ans Eingemachte geht es natürlich am Wochenende. Denn dann musst du – zumindest in den Mannschaftssportarten – das Ergebnis deiner Arbeit abliefern, vor deinen Fans, vor den Medien. Und alles, was am Ende wirklich zählt, ist das Ergebnis. Und in Zeiten von Social Media hat sich diese Thematik noch einmal verschärft, gerade in einer hochemotionalen Stadt wie Köln. Denn egal wie du als Einzelner letztlich performt hast, das Urteil wird doch in den allermeisten Fällen anhand des Endergebnisses gefällt.

Ein 1:0 in der letzten Minute lässt die Fans freudig nach Hause fahren, das Echo kommt kurz danach in den Foren, auf Facebook oder Twitter, wo der Sieg oft überschwänglich gefeiert wird. Verlierst du, vielleicht sogar deutlich, war deine ganze Arbeit vergebens.

Dann überbieten sich die „Hater“ in den Foren mit Beleidigungen, da schaut man besser nicht hin.

Das Ergebnis beeinflusst dann die ganze nächste Woche. Die Stimmung ist einfach komplett anders. Mannschaften schwanken zwischen Champagnerstimmung und Burnout-Situation. Davon muss ich mich als Athletiktrainer frei machen und andere Beurteilungen finden. Gerade wenn ich eine Mannschaft betreue, schaue ich mir die Prozesse innerhalb eines Teams an, ich kümmere mich um einzelne Profis. Wir schauen uns an, was ein Spieler individuell tun kann, um die Mannschaft besser zu machen. Zum Beispiel, dass er die Sprints intensiv setzt. Oder dass er versucht, Zweikämpfe zu gewinnen, Tore zu erzielen. Dann kann ein Spieler auch unabhängig vom Mannschaftserfolg persönliche Ziele erreichen.

Ein Punkt, wie ich den Druck verarbeiten kann, ist, Dinge, über die ich mich aufrege, die mich ärgern, runterziehen oder wütend machen, mit der 5-5-5-5-Regel zu betrachten. Und das ist universell anwendbar. Also: Ist das Thema, das mir gerade auf den Magen schlägt, in fünf Minuten noch relevant? In fünf Stunden? In fünf Tagen? In fünf Jahren?

Ein gutes Beispiel ist der Autoverkehr. Viele regen sich fürchterlich auf, wenn einem jemand die Vorfahrt nimmt. Doch wenn dabei kein Schaden entstanden ist, lohnen sich die Nerven nicht – dann ist der Vorfall meist nach fünf Minuten vergessen. Wenn daraus aber ein Unfall entsteht, gibt es Nachwirkungen, und man muss sich länger damit beschäftigen, dann darf man sich auch gerne mal aufregen.

Wenn der Schiedsrichter auf dem Feld gegen einen entscheidet, der Gegner einen unfair bedrängt, dann nutzt es nichts, sich länger damit zu aufzuhalten. Und wenn man in einer langen Saison eine Niederlage kassiert, dann sollte man sicher die Fehler aufarbeiten, sich aber davon nicht runterziehen lassen, sondern es abhaken – es geht immer weiter.

Das Gleiche gilt auch im positiven Fall, da hilft es sehr, wenn man mit den Füßen auf dem Boden bleibt. Christian Ehrhoff beispielsweise hat 13 Jahre in der NHL gespielt. Da gab es 82 Saisonspiele, dazu meist noch die Playoffs. Man kann sich die emotionale Achterbahn vorstellen, wenn man sich Ergebnisse da allzu sehr zu Herzen nimmt. Die Gefahr auszubrennen ist groß.

Tools für den Umgang mit Druck

- *Druck ist ein Privileg. Das lässt sich so leicht sagen, aber im Zusammenhang mit dem Job oder im Sport ist es in den meisten Fällen selbst gewählt. Wenn du es so betrachtest, kannst du es besser einordnen.*
- *Beachte in einer Drucksituation zunächst, wie weitreichend diese Situation ist. Hat sie Einfluss auf deine nächsten fünf Minuten, fünf Stunden, fünf Monate oder fünf Jahre? Gegebenenfalls relativiert sich dadurch der Druck.*
- *Lerne, positiv mit dir selbst zu sprechen. Die häufigsten Drucksituationen entstehen lediglich in unseren Köpfen.*
- *Eigne dir Tools und Taktiken an, wie du mit Druck umgehst (Atmung, Meditation, Ausgleich schaffen).*

Christian Ehrhoff sagte mir, dass es vor allem seine Frau war, die ihn erdete. Egal wie seine Mannschaft gespielt hatte, wenn er nach einem Auswärtstrip zu Hause ankam, war er zuallererst Familienmensch, weil seine Partnerin sich kaum für Eishockey interessierte und die Spiele nur am Rande verfolgte. „Schön, dass du zu Hause bist. Bring doch bitte mal als Erstes den Müll raus", hieß es dann – und Ehrhoff war zurück in der Realität. Das schafft Distanz zum Job im Alltag und hilft, abzuschalten.

Es gibt aber auch Instrumente, wie man individuell am Umgang mit Druck arbeiten kann. Eine Möglichkeit ist die Meditation. Ich bin in den vergangenen Jahren ein großer Fan davon geworden, meine Gedanken dadurch zu beruhigen – und habe mit Franz Wagner jemanden gefunden, der es in dieser Disziplin zu noch größerer Meisterschaft gebracht hat.

Kurz vor der Basketball-Weltmeisterschaft hatten wir mit dem Supercup ein letztes Vorbereitungsturnier in Deutschland, wir warteten in der Barclays Arena auf unseren Einsatz. Wir waren die zweite Partie des Tages, alles verzögerte sich und in der Kabine herrschte ein geschäftiges Treiben.

Einige Spieler tapten sich, anderen machten ein leichtes Warm-up, die Physios und die Betreuer waren im Raum zugange, und durch einen Lautsprecher dröhnte laute Musik. Franz Wagner fragte mich, wie lange es wohl noch dauern würde, ehe es endlich losginge. „Zehn, fünfzehn Minuten", schätzte ich. „Das ist ja super", sagte Franz, schnappte sich seine Kopfhörer und sein Handy und versank Sekunden später in eine geführte Meditation. In der Kabine der Barclays Arena! Es war beeindruckend – mitten in dem Trubel lehnte sich Wagner zurück, schottete sich mental ab und konnte seine innere Ruhe finden. Ich war total beeindruckt, wie er einen Weg gefunden hatte, die äußeren Umstände von sich zu schieben, sich zu beruhigen und sich auf den Prozess zu fokussieren und mittels der Meditation an seinen mentalen Themen zu arbeiten.

Eine andere Technik lernte ich ebenfalls bei den Basketballern. Und zwar von Bret Brielmaier, einem amerikanischen Coach, der bei der Nationalmannschaft als Assistent unter Gordon Herbert arbeitet. Als Spieler hatte er es nicht in die NBA geschafft, doch als Trainer hat er eine interessante Karriere hingelegt. Über den College-Sport kam er als Fitnesscoach zu den San Antonio Spurs, wurde dort zum Videokoordinator befördert. Dann wechselte er als Assistent zu den Cleveland Cavaliers, mit denen er 2016 den NBA-Titel feierte. Danach war er vier Jahre bei den Brooklyn Nets, seit 2021 ist er bei den Orlando Magic, dem Team von Franz und Moritz Wagner unter Vertrag.

Bei ihm machte ich während der Europameisterschaft in Köln eine interessante Beobachtung. Beim Einlaufen der Spieler der Heimmannschaft, beim größten Tohuwabohu, das man sich in Europas größter Arena vorstellen kann – die Hütte war natürlich bis zum letzten Platz ausverkauft –, stand Bret kerzengerade da, er legte die Hände vor dem Körper zusammen, schloss seine Augen und atmete dreimal richtig tief über die Nase ein. Dann hielt er den Atem an, ehe er vier Sekunden später mit dem Mund ganz lange wieder ausatmete.

Diese Übung, also das Atmen mit dem Zwerchfell oder der Magenregion, soll den Parasympathikus triggern und damit das vegetative Nervensystem, das auch als Ruhe- und Verdauungssystem bezeichnet wird. Die Folge: Man fühlt sich unweigerlich ruhig und entspannt. Das in dieser Situation und dieser Umgebung hinzubekommen, fand ich schon irre.

Gerade als Staff, als Trainer oder auch als Manager ist es elementar, die Ruhe zu behalten und seine Mitarbeiter, sein Team zu unterstützen. Da habe ich eine interessante Lektion bei Hans-Wilhelm Müller-Wohlfahrt gelernt. Der Münchner Orthopäde dürfte wahrscheinlich jedem als langjähriger Mannschaftsarzt des FC Bayern München ein Begriff sein. Aber auch für viele andere Spitzensportler weltweit gilt er als erste Adresse. Er behandelt Football-Profis aus den USA genauso wie nahezu alle Topsprinter der Welt.

„Mull", 2022 80 Jahre alt geworden, ist einer der bekanntesten Sportmediziner Europas, hatte aber auch Stars wie Franz Beckenbauer, Eric Clapton, Boris Becker oder Herbert Grönemeyer in seiner Praxis. Als wir in München im Basketball-Campus des FC Bayern trainierten, stand ich mit Daniel Theis und Dennis Schröder zusammen, als Dennis sagte, dass er noch in Müller-Wohlfahrts Praxis müsse. Ich wollte direkt mit, die Gelegenheit, eine solche Legende kennenzulernen, bekommt man nicht alle Tage. Allein die Location ist ein Zeichen seines Erfolgs: Die Praxis liegt mitten in der Maximilianstraße, in bester Lage, man kommt die Treppe hoch und gelangt in ein Wartezimmer, das so groß ist wie andere Arztpraxen insgesamt.

Nach kurzer Wartezeit war der Doc so weit, und die Arzthelferin bat uns herein. Müller-Wohlfahrt begrüßte Dennis, als würden sie sich seit 30 Jahren kennen. Aber auch seine Begleiter wurden freundschaftlich empfangen, der Doktor schaute jedem in die Augen, und es schien, als könne er sich an jeden Einzelnen erinnern. Als ich an der Reihe war, musterte er mich von oben bis unten. „Das ist aber mal ein Typ", sagte er und strahlte mich mit seinen großen leuchtenden Augen an. Ich hielt ihm meine Hand zur Begrüßung hin. Dann geschah etwas für mich völlig Unerwartetes: Müller-Wohlfahrt fasste mit seiner linken Hand an meinen rechten Unterarm, hob ihn hoch und schlug dann mit der rechten Hand zu einem kräftigen High five ein. „Wer bist denn du?", fragte Müller-Wohlfahrt.

Ich stellte mich vor. „Ich bin Arne Greskowiak, der Athletiktrainer von Dennis." „Ah ja", sagte der berühmte Arzt. „Fitnesstrainer und Athletiktrainer. Das sind gute Leute. Das sind die wichtigsten Männer. Großartig, dass du mit dabei bist, ich freue mich, dich kennenzulernen." Ich war tief beeindruckt.

Dann legte er Dennis nach einem kurzen Plausch auf die Bank in seinem Behandlungsraum, wo seine Devotionalien an der Wand hingen: ein Trikot von Usain Bolt, das er bei seinem Olympiasieg trug, Handschuhe von Manuel Neuer und vieles mehr. Das ganze Büro stand damit voll, ansonsten war der Raum schlicht.

Dennis begann zu erzählen, dann unterbrach ihn der Doc. „Ich wollte dir nochmal sagen, wie sehr ich mich freue, dass du hier bist. Ich schaue deine Spiele. Du spielst stark. Das schaut alles sehr gut aus." Immer wieder bestärkte Müller-Wohlfahrt Schröder während des Gesprächs positiv.

Der Basketball-Star klagte über Schmerzen, aber die wischte der Arzt beiseite. „Das schauen wir uns gleich an. Erstmal zum Rest: Du hast wirklich gut gearbeitet." Ganz offensichtlich machte Müller-Wohlfahrt die Probleme bewusst klein. Dann widmete er sich der Stelle. „Ah, hier erkenne ich noch was. Das behandeln wir ein bisschen – aber danach wird das spitzenmäßig, mach dir gar keine Sorgen!"

So ging „Mull" an die Sache ran. Dann kam der zweite Teil. Müller-Wohlfahrt bat um Ruhe. Die Arzthelferinnen standen still, man traute sich kaum noch zu atmen, ich checkte schnell, ob mein iPhone auch wirklich lautlos war. Und dann begann er zu tasten. Wie kein anderer schafft er es, so die präzisesten Diagnosen zu erstellen. Das ist sein Markenzeichen, dafür ist er berühmt, darüber hat Müller-Wohlfahrt ein Buch geschrieben. *Mit den Händen sehen* ist der Titel. Zehn, zwölf Minuten tastete er Dennis Schröders Sprunggelenk ab. Immer wieder verlagerte er seine Hände und untersuchte den Knöchel und alles darum herum. Man kam sich vor, als sähe man einem Schamanen zu. Es war wie im Film. Aber er machte das mit einer absoluten Selbstverständlichkeit und am Ende hatte er auch ein Ergebnis. „Ich spüre da noch eine leichte Entzündung, da spritzen wir etwas dagegen, dann bekommen wir das schon hin."

Durch die Art und Weise schaffte er absolutes Vertrauen. Und er lobte auch seine Mitarbeiter. „Dennis, du brauchst Physiotherapie. Da gehst du zu Franzi aus meinem Team. Das ist die absolut Beste, du glaubst gar nicht, wie toll die das macht." Damit stärkte er das Selbstbewusstsein seiner Mitarbeiter und nahm dem Patienten die Sorgen.

Tief beeindruckt ging ich aus der Praxis. Diese absolute Präsenz, dieses „Be, where your feet are", die Fokussierung auf den Moment waren unglaublich. Müller-Wohlfahrt schaffte es so, aus einer schwierigen Situation – Dennis Schröder machte sich Sorgen um seine Gesundheit – den Druck herauszunehmen, indem er das Problem kleiner machte.

Die Gefahr auszubrennen

Nicht jeder Profisportler ist dem ständigen Druck gewachsen – da unterscheiden sie sich auch nicht von normalen Menschen. Die vielen Reisen, die öffentliche Bewertung, das Auf und Ab von Sieg und Niederlage. Und selbst im Erfolg weiß man: Am nächsten Tag, in der nächsten Woche oder in der nächsten Saison geht es wieder von vorne los.

Das alles kostet viel Kraft. Und selbst diejenigen, die immer wirken wie ein nie erlöschender Vulkan, selbst die haben nur ein begrenztes Polster davon. „Mir geht die Energie aus", begründete Jürgen Klopp kürzlich seinen Rücktritt beim FC Liverpool im Sommer 2024. „Ich kann diese Dinge nicht immer und immer wieder machen." Nun plant er eine Auszeit. Klopp zog damit nach acht Jahren und großen Erfolgen beim Spitzenclub der Premier League die Reißleine, bevor Schlimmeres passierte – und war damit achtsam mit sich, aber auch mit seinem Arbeitgeber, den er offen, ehrlich und frühzeitig von seiner Entscheidung in Kenntnis setzte.

Viele Profis und auch Menschen in verantwortungsvollen und stressigen Berufen haben diese Option oft nicht. Und laufen deshalb Gefahr, auszubrennen. Das muss nicht immer im klassischen Burnout enden, auch wenn das oft genug der Fall ist. Es gibt viel mehr Menschen – im Sport und auch im normalen Leben –, die sich mit der Überlastung arrangiert haben. Sie leben und arbeiten im Grunde immer über der Belastungsgrenze und wissen das oft auch. Ständige Erreichbarkeit, das Gefühl, „24/7", also Tag und Nacht, für das (eigene) Unternehmen oder den Arbeitgeber zur Verfügung stehen zu müssen, Stress und Hektik sowie das Gefühl der Überforderung haben Folgen.

So mancher greift zu dysfunktionalen Bewältigungsstrategien, flüchtet sich in Alkohol, Nikotin, Drogen oder treibt exzessiv Sport, um überhaupt einmal abschalten zu können. Auch Streamingsucht oder der unkontrollierte Konsum von Instagram, Facebook & Co. gehören dazu. Nachhaltig ist nichts davon, und doch schaffen es die Betroffenen, bisweilen jahrelang in diesem Zustand weiterzumachen – aus Angst, andere zu enttäuschen, den Job zu verlieren oder die eigene Firma zu gefährden.

Der Psychologe Timo Schiele und der Psychiater Bert te Wildt haben dem Phänomen 2021 einen Namen gegeben: Burn On. Wer unter dieser chronischen Überlastung leidet, bricht zwar nicht zusammen, leidet aber unter dauerhaften psychischen und physischen Beschwerden. Sie mögen ihre Aufgaben und ihre Arbeit, aber die Balance zwischen An- und Entspannung fehlt völlig. Die Folge sind Erschöpfungsdepressionen, Kopfschmerzen, Verspannungen, Schlafstörungen und Bluthochdruck – bis hin zu schwerwiegenden körperlichen Erkrankungen wie Herzinfarkt oder Schlaganfall.

Die Coronazeit mit ihren Lockdowns und der Verbreitung von Heimarbeit hat diese Tendenzen noch verstärkt. Denn plötzlich war es möglich, ständig und jederzeit von zu Hause zu arbeiten. Das war einerseits bequem – andererseits fielen damit die Grenzen zwischen Job und Privatleben bei vielen endgültig.

Doch für viele gibt es einen Ausweg aus diesem Teufelskreis: umdenken und Entschleunigungstechniken erlernen. Ich habe das Privileg, dass ich ein paar unserer erfolgreichsten Unternehmer unseres Landes kennenlernen durfte. Ich bewundere diese Menschen sehr für das, was sie geschaffen haben, wie sie sich in kürzester Zeit in Menschen, Situationen und Probleme hineinversetzen können. Wie sie vorangehen und ihren Mitarbeitern, Team und Familie einen Weg aufzeigen. Ich sehe aber auch, wie wichtig es ist, dass man sich nicht nur auf seine beruflichen Aufgaben fokussiert, sondern sich auch um seine Gesundheit, Fitness, Regeneration kümmert. Auch ich muss mich immer wieder zu meinen Routinen „zwingen". Nicht selten beginnen sie erst damit, wenn es einen Schuss vor den Bug gibt, ein erster Stent, ein kleiner Schlaganfall, möglicherweise ein Herzinfarkt oder eben der Arzt, der sagt, dass es so nicht mehr weitergeht.

Über Christian Ehrhoff und den Müll haben wir gesprochen. Im Elternhaus der NBA-Stars Franz und Moritz Wagner hat es sich eingebürgert, dass nicht viel über Basketball gesprochen wird. Hier sollen die Jungs abschalten, auf andere Gedanken kommen und nicht auch hier noch ihren Fokus auf den Beruf richten. Für viele Berufstätige wäre es heilsam, die Erreichbarkeit auf ein vertretbares Maß zu reduzieren und sich Zeitinseln zu schaffen, in denen man nur für die Familie da ist, seinem Hobby nachgeht oder eben Sport treibt, um sich körperlich zu ertüchtigen und gleichzeitig abzuschalten.

Rund um das Thema Entschleunigung hat sich eine ganze Wissenschaft entwickelt, die sich allerdings teilweise uralter Methoden bedient. Neben ausreichend Schlaf – ein Thema, das im Kapitel „Regeneration" noch einmal ausführlich behandelt wird – gibt es die sogenannte „Non sleep deep rest"-Methode. „NSDR" hilft vor allem Menschen, die bereits unter Schlafproblemen leiden, sich geistig und körperlich zu regenerieren. Die vom Neurowissenschaftler Andrew Huberman aus Stanford entwickelte Methode ist insbesondere für Menschen mit hohem Leistungsdruck interessant.

Ziel ist es, den Parasympathikus, also das beruhigende Nervensystem, zu stimulieren und so die Hirnströme zu verlangsamen. Die

Technik funktioniert ähnlich wie Hypnose und Meditation und hat ihren Ursprung im Yoga Nidra. Sie führt zur Verlangsamung von Herzfrequenz und Atmung und damit zu einem Gefühl von Entspannung und kann so die Arbeitsleistung, die Lernkapazität und das Gedächtnis verbessern. Einen ähnlichen Effekt haben bestimmte Atemübungen, die auch über Apps oder die Smartwatch angeleitet durchgeführt werden können.

Ein weiteres Tool sind Meditations-Apps wie Calm, Headspace oder 7Mind, die mit geführten Meditationen auch in kurzer Zeit eine beruhigende Wirkung auf Körper und Geist haben. Ich habe bereits von Franz Wagner berichtet, der diese Werkzeuge wie selbstverständlich nutzt. Auch ich profitiere seit geraumer Zeit von der täglichen kurzen Auszeit, in der der Kopf zur Ruhe kommt und sich regenerieren kann.

Tools gegen das Burnout

- *Achte auf deinen Schlaf.*
- *Strikte Trennung von Arbeit und Privatleben: Schaffe dir Zeitinseln, in denen du dich nur um die Familie, dein Hobby oder deinen Sport kümmerst.*
- *Nutze Meditations-Apps, Atemübung oder andere Entspannungstechniken wie NSDR.*
- *Vermeide dysfunktionale Bewältigungsstrategien (Alkohol, Drogen, Nikotin, Extremsport).*

Die Suche nach der Superkraft

Kritik, Rückschläge und Schwierigkeiten gibt es nicht nur im Arbeitsalltag eines Trainers oder Profisportlers mehr als genug. Da kann die Motivation schon mal leiden. Damit das nicht passiert, stehen uns ebenfalls Werkzeuge zur Verfügung.

Eines davon ist, zunächst und vor allem auf die eigenen Stärken zu schauen. Was kann ich besser als andere, was unterscheidet mich von ihnen? Was ist meine Superkraft? Der eine ist blitzschnell, der andere wendig, der dritte kräftig oder technisch gut. Im Berufsleben ist der eine ein geborener Verkäufer, der andere ein toller Netzwerker, der dritte ein hervorragender Problemlöser – was es ist, ist erst einmal egal. Wichtig ist, dass man sich darauf konzentriert und versucht, seine Stärken auszubauen, anstatt sich selbst ständig vor Augen zu führen, was man alles nicht kann. Es gibt einen Grund, warum man als Spieler, als Trainer, im Berufsleben so weit gekommen ist. Und dieses Talent, diese Qualität sollte man pflegen.

Manche haben gerade im Sport in jungen Jahren schon einen gewaltigen Vorsprung. Der Grund ist meist schon in der Jugend zu suchen. Neben dem Talent gehört auch jede Menge Übung dazu, um es in seinem Metier zu absoluter Meisterschaft zu bringen. Wir haben die 10 000-Stunden-Regel angesprochen, es ist jedenfalls eine Menge an Hingabe und Training nötig. Deshalb sind so viele Brasilianer den Europäern in jungen Jahren technisch einiges voraus, weil sie Stunden über Stunden mit dem Ball verbracht haben, gerade in dem für die Entwicklung so wichtigen Alter zwischen elf und 16 Jahren.

Der französische Fußballverband hat ein System entwickelt, um von den vielen Talenten aus den Banlieues zu profitieren. So lädt er einmal im Jahr die besten Jugendspieler zu einem Turnier ein. Nur eine gewisse Anzahl wird im Alter von 13 bis 15 Jahren in die Fußballakademie Clairefontaine 50 Kilometer südwestlich von Paris eingeladen. Dort werden die Jugendlichen auf allerhöchstem Niveau im Spiel mit dem Ball und dem Zweikampf geschult – aus dem Internat gingen so große Namen wie Thierry Henry, Kylian Mbappé, Blaise Matuidi, Raphaël Guerreiro oder Christopher Nkunku hervor.

Die Qualität der Ausbildung zahlt sich später auf dem Spielfeld aus. Denn das Können, die Finten und Kniffe, die die Zuschauer in Verzückung versetzen, sind tausendfach im Training geübt. Die berühmte Marseille-Drehung von Zinedine Zidane hatte der französische Weltmeister von 1998 schon als Kind auf den Straßen seiner Heimatstadt geübt.

Das richtige Umfeld

Gerade als Profi – egal in welcher Sportart – gilt es, diese Qualitäten zu pflegen. Damit die Spieler einer Mannschaft das auch können, muss der Trainer ein Umfeld schaffen, das Leistung fördert. KEC-Trainer Uwe Krupp, selbst NHL-erfahren, hat dazu einmal gesagt: „Create an environment where they like to be, but don't like what you do with them." Das heißt: Ein Umfeld schaffen, in dem sich die Spieler einerseits wohlfühlen, in dem der Trainer sie andererseits aber auch aus ihrer Komfortzone herausholen kann.

Dafür gibt es unterschiedliche Ansätze. Das konnte man zuletzt wunderbar bei einem Pokalspiel zwischen Real und Atlético Madrid im Achtelfinale des Copa del Rey im Januar 2024 beobachten, als die reguläre Spielzeit vorbei war. Carlo Ancelotti, der vielleicht erfolgreichste Vereinstrainer aller Zeiten, ließ sein Starensemble einlaufen und begnügte sich damit, zwei, drei kurze Ansagen und Fingerzeige an seine Führungsspieler zu geben. Sein Ansatz: maximale Eigenverantwortung der Spieler, Ruhe und Sicherheit ausstrahlen. Auf der Gegenseite das komplette Gegenteil: Diego Simeone versammelte den kompletten Kader im Kreis, redete und gestikulierte wie wild, es schien, als würde er konkrete Spielzüge ansagen. Sein Ansatz: das Funktionieren des Kollektivs, der Spieler als Rädchen im Getriebe, dessen Steuermann der Trainer ist. An diesem Tag behielt das Kollektiv des Argentiniers die Oberhand.

Trainer, aber auch Spieler brauchen ein funktionierendes Umfeld. Schart man nur Ja-Sager um sich oder respektiert man auch andere Meinungen im Trainerstab? Ich glaube, dass Trainer, die das Fachwissen ihrer Assistenten nutzen und ihnen Freiräume lassen, deutlich besser fahren als Kontrollfreaks, die alles bis ins Detail bestimmen wollen.

Bei Profisportlern ist das Umfeld noch entscheidender für den persönlichen Erfolg – und das zu schaffen, ist gerade für junge Profis ungleich schwieriger.

Ein herausragendes Beispiel für ein lange Zeit funktionierendes Umfeld war – die Älteren werden sich erinnern – die Tennislegende Boris Becker. Günther Bosch trainierte das Megatalent, Ion Tiriac übernahm das Management, die Eltern hielten sich aus sportlichen Fragen heraus – der Stern von „Bum-Bum-Boris“ ging auf.

Doch für viele junge Sportler ist es oft schwierig: Da sind die Eltern, die eine entscheidende Rolle spielen. Wie viel Druck üben sie auf ihr Kind aus? Wie sehr ist die Familie wirtschaftlich vom Erfolg des Sprösslings abhängig? Spätestens nach der Unterschrift unter den ersten großen Vertrag geht es weiter: Wer meint es ehrlich mit mir? Was hat der Berater für Interessen? Auch die Partnerwahl will gut überlegt sein. Die große Frage ist: Pusht mich mein Umfeld oder zieht es mich runter? Je mehr Stabilität hier herrscht, desto besser sind die Chancen für eine erfolgreiche Karriere.

Dieses Umfeld sollte den Athleten, den Menschen antreiben, seine Stärken weiter auszubauen. An den Schwächen könnten dann die Trainer fast nebensächlich arbeiten. So bleiben Motivation und Leistungsbereitschaft hoch.

Wenn es drauf ankommt: Visualisierung

Wer einen Slalomfahrer oder Bobpiloten vor dem Start beobachtet hat, kennt das Phänomen: Die Athleten gehen die Strecke im Kopf schon einmal durch, Tor für Tor, Kurve für Kurve fahren die Sportler den Parcours oder die Eisrinne ab. Genauso versucht auch der Trainer, seine Mannschaft auf alle Eventualitäten vorzubereiten. Visualisierung hilft dabei ungemein. Die Herausforderungen vielleicht schon im Video zu zeigen und dann im Kopf noch einmal durchzugehen, um im Wettkampf darauf vorbereitet zu sein, das hilft ungemein.

Ich benutze die Visualisierung auch gerne, nicht nur beim Sport, sondern in allen möglichen Lebenssituationen. Etwa beim ersten Gespräch mit einem neuen Kunden. Oft hat er oder sie ein Bild von einem Prominenten oder Sportler im Kopf, das dem ähnelt, wie er oder sie aussehen möchte. Dann bitte ich ihn, das Bild auf sich zu übertragen: Kann er sich vorstellen, so schlank oder so athletisch zu sein? Wenn nicht, ist die Chance relativ gering, dass er es am Ende schafft. Denn: Schafft man es nicht einmal gedanklich, sich auszumalen, so auszusehen, wie soll dann das Gehirn dem Körper den Impuls geben, daran zu arbeiten? Wir arbeiten ja auch sonst nicht an etwas, von dem wir nicht überzeugt sind, dass wir es schaffen können.

Mir persönlich hilft die Visualisierung auch sehr. Ich gehe Trainingseinheiten, Aufwärmübungen, auch schwierige Gespräche Punkt für Punkt durch. Wenn ich dann an die Schlüsselstellen komme, werde ich nicht nervös, sondern ich weiß, was ich vorhatte, was ich sagen wollte, das habe ich schon einmal erlebt und muss es nur noch zu Ende bringen.

Ein anderes Werkzeug ist das Selbstgespräch. Wir haben etwa 6200 Gedanken am Tag, 24 Prozent davon sind negativ, nur drei Prozent positiv, der Rest hat keine Gewichtung. Hier ist es wichtig, an den positiven Gedanken festzuhalten. Der römische Kaiser Marc Aurel wusste schon vor 2000 Jahren: „Die Seele nimmt auf die Dauer die Farbe der Gedanken an." Die Hirnforschung hat das mittlerweile bewiesen. Wir können unsere Gedanken in eine positive Richtung lenken und so unser Denken und Fühlen in Einklang bringen – denn inzwischen ist erwiesen, dass Gedanken physische Auswirkungen auf unser Gehirn haben. Positive wie negative. Es gilt also, alle Gedankenströme auf den Erfolg – und nicht auf den Misserfolg – zu lenken, um dann da zu sein, wenn es darauf ankommt.

Egal ob du ein Telefonat beginnen willst, einen Raum betrittst oder ein Gespräch starten willst: Wenn du dich auf das Positive fokussierst, deine Gedanken auf den positiven Ausgang des Gesprächs lenkst, dann ist die Wahrscheinlichkeit deutlich größer, dass du erfolgreich bist.

Das richtige Mindset

- *Sei glücklich, aber niemals zufrieden.*
- *Lebe im Moment, „be where your feet are".*
- *Plane dein Leben, dein Jahr, deinen Monat, deinen Tag.*
- *Strebe stets danach, besser zu werden, es ist aber auch okay, wenn man sich mal einen Tag nicht verschlechtert.*

Transalpine-Run – meine ultimative Herausforderung

Wie wichtig die richtige Einstellung, das richtige Mindset, ist, habe ich beim Transalpine-Run gemerkt. Diesen absolvierte ich mit Stefan Heissner, einem langjährigen Kunden, der immer mal wieder zu mir ins Training kam. Irgendwann aber meldete er sich, und man merkte es schon am Tonfall der Mail: Da ist etwas anders.

Am nächsten Tag saß Stefan bei mir im Studio. Er wolle wieder richtig in Form kommen, erzählte er mir, und dafür brauche er eine echte sportliche Herausforderung.

Heissner war Mitte 40, und so kamen wir relativ schnell auf das Thema Marathon. Stefan winkte ab. „Vier Stunden laufen, das kann doch jeder. Ich brauche etwas Richtiges." Ich hatte kurz zuvor etwas über den Transalpine-Run gelesen, ihn in die Unterhaltung eingebracht, das aber nicht ganz ernst gemeint. Acht Tage, 320 Kilometer, 15 000 Höhenmeter von Ruhpolding über die Alpen nach Italien – härter kann ein Lauf in Europa kaum sein. Aber Stefan war Feuer und Flamme. „Das will ich machen", sagte er sofort.

Ich sagte: „Schlaf mal eine Nacht drüber, sprich mit deiner Frau, was das an Training, Vorbereitung etc. bedeutet, und sag mir morgen Bescheid." Er sagte, dass er das direkt zusagen könne … Ich schrieb ihm am nächsten Tag. Er antwortete: „Hab ich dir doch gestern gesagt, ich mache das." Alle Versuche, ihn zu bremsen, waren vergebens. Da man als Team antreten musste, war ich mit an Bord. Schnell hatte ich über einen Laufpartner Startnummern besorgt, erst dann überlegten wir, wie wir uns in neun Monaten auf diese Extrembelastung vorbereiten konnten.

Der Trainingsplan war das eine. Ich hatte einen vollen Terminkalender und Stefan als Familienvater und erfolgreicher Unternehmensberater natürlich auch. So trafen wir uns morgens um halb fünf im Siebengebirge, liefen zwei, drei Stunden, damit Stefan gegen acht Uhr mit seiner Familie am Frühstückstisch sitzen konnte, während ich in den Tag startete.

15 Kilo leichter ging Stefan mit mir ein dreiviertel Jahr später in Ruhpolding an den Start. Die Stimmung vor dem Start war besonders, es lag eine positive Energie in der Luft. Etwa 300 Teams waren vor Ort, wobei immer zwei Läufer gemeinsam unterwegs sind, damit man sich in den Alpen im Notfall gegenseitig helfen kann. Während des Rennens wechseln sich Höhen und Tiefen ständig ab – wobei die Höhen natürlich mit zunehmender Dauer weniger werden. Spätestens nach zwei Tagen, insgesamt 85 Kilometern und unzähligen Höhenmetern kann man eigentlich nicht mehr, aber irgendwie geht es immer weiter. Mal fühlt man sich gut, mal tut der Fuß weh oder der Magen krampft, aber langweilig wird es nie.

Für mich war es eine doppelte Herausforderung. Ich war nicht nur als Athlet dabei, der eine Aufgabe zu bewältigen hatte, mit der er vorher nicht annähernd konfrontiert worden war. Ich war auch Coach und damit für meinen Schützling verantwortlich. Das heißt, wenn Stefan an seine Grenzen kam, nicht mehr weitermachen wollte, vielleicht sogar aussteigen wollte, dann musste ich ihn motivieren. Aber ich war selbst voller Laktat und hatte eigentlich selbst genug zu kämpfen, was die Aufgabe unglaublich schwierig machte, körperlich wie mental. Da haben wir uns schon das eine oder andere Mal ordentlich in die Wolle gekriegt.

Höhepunkt dieser „Hassliebe“ war der Kronplatz, ein 2275 Meter hoher Berg in den Dolomiten. Dort ging es am Ende einer Tagesetappe hinauf zur Bergankunft. Wir hatten einige Begleiter, meine Freundin Charlotte, meinen langjährigen Kunden und Freund Uli und seine Frau Su, die uns anfeuerten und Fotos machten. Sie wurden Zeugen eines kleinen Dramas: Stefan wollte und konnte nicht mehr – und der Besenwagen kam bedrohlich nahe. Ich zog ihn zuerst und schob ihn dann wie ein bockiges Kind den steilen Berg hinauf, obwohl ich selbst am Ende meiner Kräfte war. Wir schafften es nur knapp. Im Ziel musste ich erst einmal Luft holen, ich konnte ihn in diesem Moment wirklich nicht mehr sehen – er mich vermutlich auch nicht.

Emotional sind wir gemeinsam durch schwierige Situationen gegangen, man lernt viel, sein Ego zu kontrollieren, mit Schmerzen umzugehen und an seine Grenzen zu gehen. Zwei Drittel der Leute kommen beim Transalpine gar nicht erst ins Ziel, teilweise saßen Profis weinend am Streckenrand, weil sie einfach einen Moment nicht aufgepasst hatten und umgeknickt waren – für sie war das Rennen gelaufen.

Das gehört auch zum richtigen Mindset: Wenn es keinen Sinn mehr ergibt, muss man sich auch sein Scheitern eingestehen und es später erneut versuchen. Das passierte mir beim Kölnmarathon 2023, als ich versuchte, unter 3:15 Stunden zu laufen. Am Wochenanfang merkte ich schon, dass etwas mit mir nicht stimmte. Ich hatte mir einen Infekt eingefangen. Dienstags, also fünf Tage vor dem Marathon, lag meine „Erholung" bei meinem Schlaftracker bei zwei Prozent. Damit geht gar nichts. Mittwoch, Donnerstag und Freitag trainierte ich gar nicht. Am Samstag lief ich noch einmal zwölf Kilometer, aber auch da fiel mir alles schwer. Weil ich so viel investiert, so hart für mein Ziel trainiert hatte, wollte ich unbedingt an den Start gehen. Im Nachgang betrachtet ist das Ergebnis klar gewesen und total logisch. Hätte ich einen Coach gehabt, hätte dieser mir sicherlich von einer Teilnahme abgeraten.

Aber ich wollte es wissen, ich wollte mein Ziel erreichen. Schon nach den ersten beiden Kilometern schaute ich auf meine Pulsuhr und stellte einen Puls von 164 Schlägen pro Minute fest. Diesen Pulswert hatte ich ab Kilometer 35 erwartet. Ich lief weiter, versuchte in den Rhythmus zu kommen, aber an diesem Tag lief nichts zusammen. Der Puls war die gesamte Zeit zu hoch, und so musste ich nach dem Halbmarathon feststellen, dass meine Energiereserven schon weitestgehend verbraucht waren. Es fühlte sich an, als würde man im dritten Gang auf der Autobahn fahren. Nach ca. zwei Stunden brach ich ab, ich wollte vernünftig sein und nicht noch mehr „Schaden" anrichten. Auch wenn ich mich an diesem Tag wirklich schlecht fühlte, wusste ich, dass ich mein Ziel, die 3:15 Stunden zu laufen, erreichen kann.

Da der Kölnmarathon spät im Jahr stattfindet, gab es keine weiteren Gelegenheiten mehr, an denen es zeitlich passte, sodass ich mich dazu entschied, meinen eigenen Marathon zu laufen. Ich wollte nicht meine Form verlieren, ohne es noch einmal zu probieren. Auch wenn es natürlich keine offizielle Zeitmessung gab, lief es für mich sehr gut und ich kam unter 3:10 Stunden ins Ziel.

Zurück zum Transalpine: Irgendwann lebt man nur noch fürs Durchkommen. Der Magen will keine Gels und Nüsse mehr sehen, an den Füßen bilden sich Blasen, die Muskeln sind übersäuert. Abends hängst du deine Sachen auf und versuchst, trotz der Schmerzen in den Schlaf zu finden, morgens konzentrierst du dich darauf, gut zu essen und auf die Toilette zu gehen, damit du das nicht unterwegs machen musst. Die Überlastung, die Erschöpfung und solche Momente wie am Kronplatz haben Stefan und mich unterwegs natürlich auch auseinandergebracht. Aber am Ende schweißt so etwas zusammen, wenn man nach dieser ultimativen Herausforderung gemeinsam über die Ziellinie läuft.

Schlussendlich blieb für mich auch hier die Erkenntnis, dass man es nur schaffen kann, wenn man den Weg annimmt, die Schmerzen auch ein Stück weit genießt, denn nur wer sie aushält, kann es schaffen. Die Belohnung, das Gefühl, es geschafft zu haben, ist sensationell, die Glücksgefühle sind überwältigend. Aber der Weg, die Vorbereitung auf das Rennen, der gemeinsame Kampf gegen die Strapazen haben sich auch gelohnt, weil man so lange dafür gearbeitet hat und ein Ziel verfolgt hat – sprich: Man war raus aus der Komfortzone. Es war ein unvergleichliches Erlebnis, das mir gezeigt hat, dass mit der richtigen Einstellung nicht nur Profis, sondern auch wir Amateure Außergewöhnliches leisten können.

Kapitel 3
Ernährung

Richtig essen ist keine Raketenwissenschaft

Viele haben Spaß am Sport, manche machen ihn beruflich, aber für alle, die sich dafür entscheiden, ist klar: Training gehört dazu, die Motivation, zwei, drei Stunden in der Woche – bei Profis sind es 15 oder 16 Stunden – zu trainieren, zu spielen, Defizite auszugleichen oder Stärken zu verbessern, ist Grundvoraussetzung, und die ist bei den meisten vorhanden. Und doch erlebe ich in meiner Praxis häufig selbst bei manchen Profisportlern, dass sie das eine oder andere Pfund zu viel auf den Rippen haben. Bei meinen anderen Klienten, die es oft vom Frühstück mit der Familie über den Business-Lunch bis hin zum Dinner am Abend gebracht haben, ist es natürlich noch öfter der Fall. Der Grund ist meist eine falsche Ernährung.

Beim Training gibt es gewisse Ansätze, die bei jedem Sportler mehr oder weniger gleich funktionieren, wie zum Beispiel die Superkompensation oder andere Dinge. Aber bei der Ernährung reagiert jeder Körper anders. Hinzu kommt, dass in den sozialen Medien immer wieder neue Trends auftauchen. Mal ist es die vegane Ernährung, die vor allem durch den Film *The Game Changers* in Mode gekommen ist, in dem ein UFC-Kämpfer oder eine Footballmannschaft durch eine rein pflanzliche Ernährung plötzlich einen Leistungsschub bekommen haben sollen. Dann gibt es die Karnivoren, die darauf schwören, sich fast ausschließlich von Fleisch zu ernähren, um dadurch leistungsfähiger zu sein.

Der Kampf ums Körpergewicht hat eine ganze Industrie entstehen lassen, die vor allem von einem lebt: davon, dass die Leute trotz ihrer Angebote scheitern. Oder wie ich glaube: gerade deswegen. Denn eine gesunde Ernährung ist eigentlich keine Raketenwissenschaft. Und sie ist auch gar nicht teuer. Die einzige Voraussetzung ist auch hier erst einmal, sich zu analysieren – was, wann und wie viel esse ich? Was nehme ich an Kalorien noch über Getränke dazu? Dann geht es an die Schlussfolgerungen: Was sollte ich, was kann ich, was will ich dauerhaft umstellen?

Irgendwelche Diäten werden nur selten zum Erfolg führen. Hat man sein Ziel erreicht und kehrt zur alten Ernährungsweise zurück, entsteht meist der gefürchtete Jo-Jo-Effekt. Wie wir den vermeiden, erkläre ich in diesem Kapitel.

Ich gehe dabei von einer normalen Ernährung ohne große Tabus aus. Der Grund: Über die Jahre zeigt meine Beobachtung bei vielen Spitzensportlern und Alltagsmenschen, dass jede Form von extremer Ernährung fast zwangsläufig zu Mangelerscheinungen führt. Wenn wir uns anschauen, woher wir entwicklungsgeschichtlich kommen, dann ergibt sich unsere Ernährung fast von selbst: viel Gemüse, viel Obst, das auch in der menschlichen Vorgeschichte leicht zu erreichen war, Fleisch und Fisch in Maßen, denn nicht immer hatte man Jagdglück. Mit dem Ackerbau kamen noch Weizen, Reis und Nudeln dazu. Industrieller Zucker stand bei unseren Vorfahren nicht auf der Speisekarte – und sollte bei uns auch die absolute Ausnahme sein.

Auch bei Sportlern ist eine gesunde Ernährung eigentlich Grundvoraussetzung. Sie dürfen nicht zu viel essen, müssen aber ausreichend Nahrung zu sich nehmen, damit sie leistungsfähig sind. Manchmal kann eine Ernährungsumstellung sogar wichtig für die Karriere sein, wie ich am Beispiel von Jan Luca Sennhenn zeigen will.

Die Transformation von Jan Luca Sennhenn

Sennhenn ist ein Spieler der Kölner Haie, den ich seit seiner Jugend betreue. Er kam mit 13 Jahren von Kassel nach Köln und ist jetzt seit zehn Jahren hier. Bei ihm konnte ich live miterleben, welchen

Einfluss eine Ernährungsumstellung auf die Leistung eines Sportlers haben kann – und ich wirkte aktiv daran mit.

Als er zum Training der Junghaie an der Gummersbacher Straße kam, war Jan Luca kleiner als alle anderen, leicht, er wirkte fast unterernährt. Auf jeden Fall war er körperlich deutlich hinter den anderen. Doch die Trainer glaubten an ihn und sagten: Er kann es schaffen. Der Junge zahlte das Vertrauen mit Fleiß zurück, tat alles für seinen Traum, absolvierte neben dem Training seine Schule fern der Heimat in Köln, blieb aber immer ein wenig unter dem Radar, weil er körperlich einfach unterlegen war.

Das war wohl auch ein Grund, warum er es nie in eine der Auswahlmannschaften, sprich Juniorennationalmannschaften, schaffte. Doch bei den Haien hielt man an ihm fest, die Trainer registrierten sein Talent auf den Kufen und mit dem Puck – doch das körperliche Defizit galt es auszugleichen. Ich habe damals Jan Luca unter meine Fittiche genommen, das erste Foto unserer Zusammenarbeit stammt aus dem Jahr 2020.

Damals wog Jan Luca vor dem Sommertraining 69 Kilogramm, danach brachte der damals 20-Jährige immer noch nur 73 Kilogramm auf die Waage. Eigentlich zu wenig, um in der körperbetonten DEL zu bestehen. Heute wiegt er 85 Kilogramm und muss sich auf dem Eis auch körperlich nicht mehr verstecken.

Diese Entwicklung war kein Zuckerschlecken – im wahrsten Sinne des Wortes. Denn dauerhaft Muskeln aufzubauen ist auch ernährungstechnisch unangenehm: Da stehen dann zum Abendessen schon mal 500 Gramm Magerquark, ein Eiweißshake und ein paar Löffel Mandelmus auf dem Speiseplan, um auf die nötigen Kalorien zu kommen. Und wenn das noch nicht genug ist, muss man dem Athletikcoach (also mir) auch noch ein Foto von dem abendlichen Essen schicken, damit der auch sicher ist, dass genügend gegessen wird. Die proteinreiche Ernährung, gepaart mit gezieltem Krafttraining, hat sich gelohnt: Jan Luca hat den Durchbruch geschafft, ist beim KEC ein etablierter Profi mit ausreichend Kampfgewicht.

Transfette, Zucker, Salz und das Gehirn

Die meisten aber haben ein anderes Problem als Jan Luca: Sie wollen und sollten abnehmen, überflüssiges Körperfett loswerden. Und auch hier ist natürlich die Ernährung entscheidend, denn am Ende braucht es ein Kaloriendefizit, um Gewicht zu verlieren.

Viele Klienten sagen mir, dass sie es schaffen, sich den ganzen Tag über einigermaßen gesund und ausgewogen zu ernähren. Doch dann käme die Zeit zwischen 20 und 23 Uhr, wenn der Körper zur Ruhe kommt, man bei einem Geschäftsessen sitzt oder eben einfach abschaltet und sich durch die Nahrung für den Tag belohnt und abschaltet. Dann gönnt man sich etwas, ein Bierchen oder Süßigkeiten. Man macht eine Tüte Chips auf und wundert sich, wenn sie eine Stunde später leer ist.

Das Problem ist: Die Transfette und raffinierten Kohlenhydrate in den Chips, der Haribo-Tüte oder im Schokoriegel sorgen für eine Dopaminausschüttung, bedienen also das Belohnungssystem unseres Gehirns. Forscher um die Psychologie-Professorin Ashley N. Gearhardt von der Universität Michigan haben in einer Studie sogar belegt, dass sie im Gehirn eine ähnliche Wirkung wie Nikotin oder Alkohol haben – und genau wie diese Körpergifte am Ende sogar süchtig machen können. Zumal eine wirkliche Konsequenz am nächsten Morgen ausbleibt – auf der Waage wird sich eine kleine Sünde kaum widerspiegeln. Es ist ein kontinuierlicher Teufelskreis, in den man rutscht, und wenn man sich nicht täglich wiegt, bemerkt man erst nach wenigen Wochen die Körpertransformation, das angesammelte Bauchfett, den höheren Blutdruck.

Wer allerdings die Schublade mit den Süßigkeiten zulässt, erhält kurzfristig keinerlei Belohnung dafür, selbst wenn er sich noch nebenbei ein Sportprogramm verordnet hat. Der Neuling, der sich gerade im Fitnessstudio angemeldet hat, wird nach dem ersten intensiven Training zufrieden und etwas erschöpft nach Hause gehen, aber weder die Waage noch der Spiegel sind gnädig und belohnen ihn mit irgendeiner Reaktion. Auch hier dauert es drei, sechs, zwölf Wochen, bis sich wirklich sichtbare Erfolge einstellen. Das ist die große Crux und die enorme mentale Schwierigkeit, wenn man Menschen zu einer dauerhaften Ernährungsumstellung motivieren will. Der Dopaminkick durch Zucker bleibt eine ewige Versuchung und verspricht schnelle Belohnung.

Der Schlüssel ist, diesen Punkt zu überwinden, das neue Verhalten zur Gewohnheit werden zu lassen. Also sich ein neues, individuelles Ernährungssystem zu schaffen, das zu den eigenen Lebensumständen passt. Und sich dann konsequent daran zu halten.

Dabei stehe ich dem Konzept der sogenannten Cheatdays kritisch gegenüber. Lieber manchmal ein kleines bisschen sündigen als einmal richtig viel. Denn wenn man sich solche Fenster gönnt, wird der Dopaminkick wieder ausgelöst, man läuft Gefahr, viel zu viel zu essen, und die Sehnsucht nach dem kurzen „Zucker-High" fängt von vorne an.

Welche Regeln sollte man beachten? Solange der Stoffwechsel in der Jugend noch auf Hochtouren läuft, ist es relativ einfach. Wer kennt nicht die Kinder und Jugendlichen, die sportlich aktiv sind, aber essen wie die Weltmeister und trotzdem aussehen wie Spargeltarzan? Doch auch die werden irgendwann merken, dass das nicht von alleine geht.

Die Bedeutung der Makronährstoffe

Die Menge an Kalorien ist nicht die einzige Kennzahl, die bei der Ernährung wichtig ist. Vor allen Dingen gilt es, auf die Makronährstoffe zu achten. Gerade Menschen ab 30 sollten Eiweiß in der Ernährung priorisieren. Der Spruch „Wenn eine Mahlzeit kein Protein enthält, ist es ein Dessert" bringt es auf den Punkt. Eiweiß ist eine der wichtigsten Substanzen für die Zellerneuerung. Proteine liefern dem Körper Aminosäuren und Stickstoff, die er unter anderem für den Aufbau körpereigener Proteine, Enzyme und Hormone benötigt. Der Mensch ist auf eine ausreichende Zufuhr bestimmter Aminosäuren über die Nahrung angewiesen, da der Körper sie nicht selbst herstellen kann.

Wer sich ausgewogen mit Lebensmitteln wie Frischkäse, Eiern, Fisch und Fleisch ernährt, kann seinen Bedarf decken. Auch Bohnen, Kichererbsen, Soja, Tofu und Tempeh sind hervorragende vegetarische Proteinlieferanten. Als Faustregel gilt: Bis zu zwei Gramm Eiweiß pro Kilogramm Körpergewicht sind empfehlenswert, wenn Kraft- oder Ausdauersportler Muskeln aufbauen wollen. Wer sich nicht ausreichend mit Proteinen versorgt bekommt, kann wie die Profis auf Eiweiß-Shakes zurückgreifen.

Auch Gemüse gehört zu einer ausgewogenen Ernährung. „Eat a rainbow – iss einen Regenbogen", dieses Beispiel aus der Ernährungswissenschaft bringt es auf den Punkt. Ein buntes Potpourri von Paprika, Zucchini, Tomaten & Co. sichert die Versorgung mit allen wichtigen Vitaminen und Antioxidantien – kein Wunder, dass Bowls heute bei vielen für eine gesunde Ernährung beliebt sind. Mindestens die Hälfte der täglichen Nahrung sollte aus Gemüse bestehen, ein Drittel aus eiweißreichen Lebensmitteln, der Rest kann dann mit kohlenhydratreichen Lebensmitteln abgedeckt werden.

Man merkt schnell, was dem Körper guttut. Mit 20 Jahren konnte ich noch nach zwei Döner ins Fitnessstudio gehen. Heute wäre das unmöglich, ich fühle mich müde, allein das Verdauen des Fastfoods strengt den Körper an, ein Völlegefühl stellt sich ein – ich könnte sicher nicht richtig trainieren. Es hilft, nach dem Essen in den Körper hineinzuhorchen. Was gibt Energie, was gibt Kraft? Daraus sollte man seine Lehren ziehen und sich daran orientieren.

Bedarfsgerecht vs. genussvolle Ernährung

Auf der Suche nach gesunder Ernährung findet man gerade in den sozialen Medien einen regelrechten Overkill an fantastischen Gerichten. Doch meist haben sie spezielle Zutaten oder müssen aufwendig gekocht werden. Dafür habe ich an normalen Tagen einfach keine

Zeit. Deshalb geht es für mich an diesen Tagen darum, mich so zu ernähren, dass es anständig schmeckt und mein Bedarf an Makronährstoffen, Vitaminen etc. gedeckt ist.

Also richte ich mich danach, den Aufwand zu minimieren und einen maximal gesunden Ertrag rauszuholen. Über die Jahre habe ich gelernt: Man kann dabei sogar sehr lecker essen, auch wenn man vorrangig darauf achtet, seinen Grundbedarf zu decken. Am Wochenende oder bei Treffen mit Freunden, da erlaube ich mir, zu genießen. Dann darf es auch die extraaromatische Soße oder das leckere Dessert sein. Mir geht es so, dass mir diese Dinge dann auch viel besser schmecken, als wenn ich sie jeden Tag zur Verfügung hätte. Dann würde sich doch allzu schnell ein Gewöhnungseffekt einstellen.

Industrieller Zucker sollte ohnehin mit großer Vorsicht gegessen werden, auch wenn viele ihn mit Genuss verbinden. Das fängt schon beim Frühstück an: Wenn ich mit einem süßen Müsli und Obst in den Tag starte, sorge ich dafür, dass der Insulinspiegel ansteigt – und sich schnell wieder ein Hungergefühl einstellt. Das ist aber nicht wirklich Hunger, sondern eine Reaktion darauf, dass der Körper den Zucker verbrannt hat und der Spiegel im Blut sinkt. Ein Naturjoghurt mit Nüssen oder ein Omelett mit Gemüse können hier nachhaltiger sättigen und durch die Wirkung auf den Blutzuckerspiegel die Ernährung für den ganzen Tag beeinflussen.

Auch beim Essen hilft gute Vorbereitung

Nun kann man viel über gesunde Ernährung sagen, so mancher hat sich wahrscheinlich schon ein entsprechendes Kochbuch gekauft, viele Ratschläge in den (sozialen) Medien bekommen – doch schnell stellt sich bei vielen das Gefühl ein, dass man es im stressigen Alltag nicht schafft, sich gesund zu ernähren.

Doch es gibt Wege, dass es gelingt, ich beweise mir das Woche für Woche. Ich habe schon von meinen ungewöhnlichen Arbeitszeiten erzählt. Meistens stehe ich um fünf Uhr morgens auf, manchmal, je nach Spielplan der Haie, komme ich auch erst um diese Zeit nach Hause. Meine Tage sind gespickt mit Terminen, morgens bei den Kölner Haien, nachmittags und abends Privattraining, meist bin ich erst nach 20 Uhr zu Hause. Und wenn Dennis Schröder oder ein anderer Athlet mit einer Frage bei mir anklopft, dann beantworte ich die natürlich auch noch spät am Abend. Dazu kommt meine hohe Reisetätigkeit, allein drei Monate war ich im vergangenen Jahr mit der Eishockey- und der Basketball-Nationalmannschaft auf Turnieren und Lehrgängen unterwegs.

Was heißt das für meine Ernährung? Es gibt auch hier nichts Schlimmeres, als unvorbereitet zu sein. Dieses Motto zieht sich ein bisschen durch mein Leben. Und daher mache ich in einer normalen Woche „Mealprep", das heißt, ich kaufe am Samstag etwas großzügiger ein und koche dann am Sonntag vor für die Woche. Ich überlege mir meine zwei Mahlzeiten: Welches Gemüse will ich haben, welche Eiweißquelle? Dann koche ich – und das in großen Mengen. Wer in meiner Küche steht, könnte meinen, ich würde eine sechsköpfige Familie versorgen. Das Essen wird dann in Tupperdosen abgepackt und kommt als fertige Mahlzeit in den Kühlschrank, sodass ich es morgens nur mitnehmen muss.

Voraussetzung dafür ist, dass man kochen lernt. Ich kann zwar nicht mit den Gourmetköchen meines Freundes Peter Hesseler vom Gut Lärchenhof oder Maximilian Lorenz, dem Sternekoch aus der Kölner Johannisstraße, mithalten, aber ich bekomme eine schmackhafte Mahlzeit zusammen, die meinem Bedarf gerecht wird. Zum Genießen kann ich mich dann am Wochenende von Peters oder Maximilians Team bekochen lassen, wenn Zeit ist.

Während der Woche geht es also vor allem darum, dass ich meine Makronährstoffe bekomme, dass ich genügend Proteine zu mir nehme, ausreichend Kohlenhydrate und Fette. Aber das hat natürlich nichts mit Haute Cuisine zu tun – muss es auch nicht. Das Essen soll vor allem einen Zweck erfüllen: mich fit und leistungsfähig zu halten. Das ist kein Hexenwerk. Jeder kann lernen, Nudeln mit Gemüse und Tofu oder Reis mit Hühnchen und Paprika zu kochen. Wer also fit und gesund leben will, sollte sich ein paar Grundkenntnisse in der Küche aneignen. Eine vernünftige Pfanne und zwei, drei Töpfe, ein paar ordentliche Messer, und dann kommt man schon zurecht.

Man gewöhnt sich auch an Dinge. Ich nehme mir zum Beispiel lieber ein Omelett von zu Hause mit und esse es kalt, als mir an der Tankstelle ein Brötchen zu kaufen.

Die Fallen im Restaurant und unterwegs

Damit vermeide ich einen Fehler, der gerade meinen Privatkunden immer wieder passiert. Sie starten morgens unvorbereitet in den Tag, vergessen vielleicht das gesunde Frühstück, und dann kommt mittags der Hunger mit voller Wucht. Dann greifen sie oft reflexartig zu den schnellen Sattmachern aus dem Restaurant oder der Kantine oder von unterwegs, obwohl man insgeheim weiß, dass man den eigenen Bemühungen um eine gesündere, fittere Lebensweise gerade einen Bärendienst erweist. Oft kommt es zu einem völligen Kontrollverlust, man nascht hier und da, der Insulinspiegel bleibt hoch, ein Teufelskreis.

Das Hotelessen ist meist nur um Nuancen besser. Ich möchte aber Dinge essen, bei denen ich weiß, welche Stoffe sie enthalten, ob es Stoffe sind, die mein Magen-Darm-Trakt verträgt und die meine Leistungsfähigkeit hochhalten. So habe ich immer eine kleine Campingausrüstung dabei: eine Kühltasche, einen Kaffee-Thermobecher, Besteck und diverse Tupperdosen mit abgepacktem Essen. Meine Ernährung ist dabei möglichst ausgewogen. Ich esse Fisch und Fleisch in Maßen, möglichst nicht öfter als zwei- bis dreimal pro Woche, ich esse auch Tofu, Kichererbsen und Eier als Eiweißquelle, es geht also durchaus auch vegetarisch.

Mit diesen Routinen schaffe ich es, mich gesund zu ernähren – mit genügend Nährstoffen für ein sportliches Leben und ausreichend Flüssigkeit. Das heißt aber nicht, dass es am Wochenende kein Dessert geben darf. Denn auch Genuss gehört auch zum Leben. Aber erst wenn es etwas Besonderes ist, lernt man seinen Wert richtig schätzen.

Insgesamt aber gilt: Ernährung ist keine Geheimwissenschaft, und viel ist schon geholfen, wenn man auf seinen gesunden Menschenverstand hört. Warnen will ich nur vor hochverarbeiteten Lebensmitteln. Meine Faustregel: Wenn mehr als drei Dinge auf der Zutatenliste stehen, ist das meist kein gutes Zeichen, und ich lasse die Finger davon. Auch Manchester Citys Stürmer Erling Haaland warnt in einem Interview mit dem Portal *Modern9* vor industriell gefertigten Produkten: „Ich versuche ‚echte Dinge' zu essen, natürliche Lebensmittel mit so wenig Zutaten wie möglich. Je höher die Qualität deines Essens ist, desto mehr kann dein Körper aus den Lebensmitteln für deine Leistung herausholen."

Erstaunlich: Inzwischen sind in Deutschland 80 bis 90 Prozent aller Lebensmittel industriell verarbeitet. Ein beträchtlicher Teil fällt auf verzehrfertige, lange haltbare Produkte, die in hochtechnisierten Prozessen hergestellt werden und meist durch einen hohen Gehalt an Fett, Zucker und Salz geprägt sind. Und die sind nicht nur ungesund, sondern sorgen für falsche Signale an das Gehirn, die zu mehr Konsum animieren, wie wir schon herausgefunden haben.

Wer bei dem Thema in die Tiefe gehen will, dem sei vielleicht der *Ernährungskompass* von Bas Kast nahegelegt. Hier werden alle modernen Studien zum Thema Ernährung zusammengefasst, und auch die kommen zu dem Ergebnis, auf das wir wohl auch selbst gekommen wären: Unverarbeitete Lebensmittel, viel Gemüse, reichlich Protein, gute Fette und gesunde Kohlenhydrate sind der Schlüssel zu einem gesunden, langen Leben.

Die Fastenkur als Jungbrunnen

Wir alle haben gelernt, nach einem bestimmten Rhythmus zu leben. Aufstehen, Frühstück, Pausenbrot, Mittagessen. Nachmittags ein kleiner Snack, dann Abendessen. Das muss nichts Schlechtes sein. Bewege ich mich, treibe ich Sport, arbeite ich körperlich schwer? Dann brauche ich wahrscheinlich mehr Energie, als wenn ich den ganzen

Tag am Schreibtisch sitze. Ist Letzteres der Fall, muss ich zwar auch energiegeladen und leistungsfähig sein, aber ich habe keine körperliche Belastung und brauche weniger Nahrung.

Um zu erkennen, was ein wirkliches Hungergefühl ist, hilft das sogenannte Intervallfasten. Das gibt es in mehreren Ausführungen: Manche essen fünf Tage und fasten dann zwei Tage ganz. Ich aber bevorzuge die 16:8-Variante des Intervallfastens. Intermittierendes Fasten bedeutet, dass man acht Stunden am Tag Nahrung zu sich nimmt und dann 16 Stunden nichts. So kann sich der Magen-Darm-Trakt erholen. Manche nutzen das Konzept als Diät. Für mich ist es ein tolles Werkzeug, vor allem wenn ich nach langen Auswärtsfahrten oder Turnieren, bei denen es manchmal erst spät etwas zu essen gibt, wieder in einen gesunden Rhythmus kommen will. Durch das Fasten fühlt sich mein Körper energiegeladener und leistungsfähiger an.

Stephan Herzig, Leiter des Instituts Diabetes und Krebs am Helmholtz-Zentrum in München, ist sogar überzeugt, dass es Krebstherapien unterstützt. Zudem findet im Körper eine Art Entgiftung statt, die körpereigene Müllabfuhr wird aktiviert, und es hilft bei der Körpertransformation. „Beim Fasten wird der Zuckerstoffwechsel auf Fettstoffwechsel umgestellt – das heißt, die Pölsterchen schrumpfen."

Ich habe das Fasten schon öfter eingesetzt, gerade wenn nach langer Reisetätigkeit mein Essensrhythmus durcheinander war. Man kann das 16:8-Fasten auch als Diätform nutzen, und es gibt sogar Menschen, die das ganze Jahr danach leben und es als Essensroutine anwenden. Die gesundheitliche Wirkung ist jedenfalls erwiesen.

So ernähre ich mich gesund

- *Alles in Maßen, Proteine priorisieren.*
- *Unverarbeitete Lebensmittel essen – nicht mehr als drei Zutaten in der Liste.*
- *„Eat a rainbow": Viel Gemüse und Salate in unterschiedlichen Farben.*
- *Regelmäßiges Intervallfasten, um dem Körper auch mal Pausen zu geben.*

Das muss in deinen Einkaufswagen

Bereits beim Einkauf fällt eine Vorentscheidung, ob ich mich in der Woche vernünftig ernähre. Wer nichts zu Hause hat, neigt dazu, sich schnell etwas zu bestellen. Aber wer sich den Vorratsschrank mit Chips und Schokolade volllädt, der wird sie im Zweifel auch irgendwann verzehren.

Nur wer gesund einkauft, kann sich auch gesund ernähren! Ich achte im Lebensmittelgeschäft gar nicht so sehr darauf, welches Gemüse ich in den Einkaufswagen lade, sondern eher darauf, dass es saisonal verfügbar ist und am besten regional angebaut wurde. Kurze Lieferketten bedeuten frische Ware und weniger Umweltbelastung.

Die meisten Supermärkte sind so freundlich und haben ihre Obst- und Gemüseabteilung gleich hinter dem Eingang. Hier darf man natürlich zugreifen. Fleisch hole ich bevorzugt beim Metzger, Fisch habe ich einmal die Woche auf dem Speiseplan. Immer im Kühlschrank sind Dinge wie Joghurt, Quark oder Skyr – aber nur die Naturvarianten. Alles andere sind Zuckersnacks, und die sind nicht empfehlenswert für eine gesunde Ernährung. Man sollte sie allenfalls gelegentlich als Süßigkeit verzehren.

Mit Vorsicht sind, wie schon erwähnt, vor allen Dingen hochverarbeitete Lebensmittel zu genießen – egal ob sie nun fleischhaltig, vegetarisch oder vegan sind. Die lange Liste der Zusatzstoffe lässt schon nichts Gutes vermuten, sie sind oft zu salzig, zu fettig und/oder enthalten zu viel Zucker. Ob Tiefkühlpizza, Tütensuppe oder Schokoriegel – man sollte diese Produkte am besten ganz von der Speiseliste streichen oder nur in absoluten Ausnahmefällen genießen.

Stattdessen sollten Eier, Kartoffeln, Nudeln und Reis und eben vor allem Obst und Gemüse auf dem Speiseplan stehen. Dazu habe ich immer ein paar Dosen Kichererbsen und Kidneybohnen vorrätig, dazu steht Tofu oder Tempeh im Kühlschrank, alles vegetarische Proteinlieferanten.

Einer veganen Ernährung stehe ich skeptisch gegenüber, weil man sich als Veganer im Alltag kaum ausreichend mit den Makronährstoffen ernähren kann. Wenn ein Lewis Hamilton sich vegan ernährt, ist das etwas anderes: Der hat genügend Köche, die sich um eine ausgewogene Lebensweise kümmern können, aber wer kann das schon von sich behaupten? Die Gefahr einer Mangelernährung bei Veganismus ist jedenfalls hoch. Kein Problem ist es allerdings, sich auch als Vegetarier ausreichend zu ernähren, wenn man das aus ethischen Gründen tut. Doch für mich gehören Fisch und Fleisch in Maßen einfach auf die Speisekarte.

Die Vorratskammer für Champions	
Kühlschrank	*Randvolles Gemüsefach, Salat in allen Variationen* *Skyr, Naturjoghurt, Magerquark* *Fleisch, Fisch* *Tofu, Hüttenkäse, Humus, Feta, Halloumi*
Vorratsregal	*Eier, Nudeln, Reis, Kartoffeln, Süßkartoffeln, Kichererbsen, Haferflocken, Kidneybohnen, gehackte Tomaten, frisches saisonales Obst, Nüsse*

Die Flüssigkeitszufuhr

Ein letzter, aber eminent wichtiger Punkt ist die Flüssigkeitszufuhr. Wasser ist einer der wichtigsten Bausteine der Ernährung, und gerade als Sportler, aber auch als Mensch, der im Beruf leistungsfähig sein will, sollte man viel trinken. Der Grund: Unser Körper besteht zu fast 80 Prozent aus Wasser, ohne ausreichend Flüssigkeit können unsere Organe nicht funktionieren.

Wasser dient im Körper als Transportmittel für Nährstoffe, mit Wasser wird die Körpertemperatur reguliert und Stoffwechselendprodukte werden über die Nieren ausgeschieden. Über Nieren, Lunge, Haut und Urin verlieren wir ständig Wasser, bei mehr als 0,5 Prozent des Körpergewichts stellt sich ein Durstgefühl ein, der Körper signalisiert: Ich brauche Nachschub.

Gleich nach dem Aufstehen sollte man auf jeden Fall ein großes Glas Wasser trinken. Über Nacht hat man geschwitzt und viel Flüssigkeit verloren, die man am besten direkt wieder ausgleicht.

Wer zu wenig trinkt, riskiert Kopfschmerzen, verminderte Leistungsfähigkeit, Verwirrtheit, Verstopfung, Schwindel, Erschöpfung und eine eingeschränkte Nierenfunktion. Die gute Nachricht: Wird rechtzeitig nachgefüllt, verschwinden die Beschwerden schnell wieder.

Doch wie viel Wasser ist nötig, wie viel ist gesund, kann man zu viel trinken? Die Deutsche Gesellschaft für Ernährung gibt 1,5 Liter als Richtwert an. Wer sich sportlich betätigt, kommt aber sicher auf einen Bedarf von mindestens drei Litern. Ich trinke an sportintensiven Tagen zwischen drei bis fünf Liter, versuche immer, genug Flüssigkeit zu mir zu nehmen, um meine Energie zu erhalten. Ausreichend hydriert, mit allen Nährstoffen versorgt, so schaffe ich es hoffentlich, dauerhaft fit zu bleiben.

Die beste Zeit für den ersten Kaffee

„Practice what you preach" – an diese Maxime halte ich mich nahezu jeden Tag. Aber man sollte jetzt nicht glauben, der Arne ist perfekt. Beim Kaffeetrinken, da hört es auf. Auch ich genieße gern einmal Kaffee, weil es zum Leben dazugehört. Und wenn ich komplett nach Lehrbuch leben würde, dann dürfte ich meinen Kaffee erst nach anderthalb Stunden morgens trinken.

Der Grund: Nach dem Aufwachen schüttet der Körper Cortisol aus, um uns am Morgen in Schwung zu bringen. Man ist automatisch leistungsfähig. Trinkt man dann gleich Kaffee, wird der noch mehr erhöht, und das bedeutet Stress für den Stoffwechsel und einen erhöhten Blutdruck. Optimal wäre es, rund 90 Minuten zu warten, bis der Cortisolspiegel gefallen ist und man ihn mit einem guten Kaffee wieder nach oben bringen kann. Doch ganz ehrlich: Ein Kaffee gehört für mich zu meiner Morgenroutine dazu und schmeckt mir einfach gleich nach dem Aufstehen am besten. Also trinke ich ihn auch. Du siehst: Niemand ist unfehlbar …

Wer jetzt beim Lesen enttäuscht ist, dass ich nicht noch ein paar Superhacks, Superfoods oder Supertipps bieten kann: Es tut mir leid, aber die gibt es nicht. Eine gesunde und ausgewogene Ernährung ist „eigentlich“ einfach und für die meisten Menschen theoretisch klar. Nur spiegeln uns die Werbung, die Supermärkte und Medien immer wieder neue Ideen, Tipps & Tricks, wie es einfacher, schneller und leichter gehen könnte. Es wird sicher nicht schaden und ist auch gesund, wenn du zu deinem Müsli Chiasamen hinzufügst oder die Leinsamen schrotest, aber letztendlich ist das nicht entscheidend.

Für uns normale Menschen sind es die Basics, die wir umsetzen müssen, wir brauchen ein System, das auch mal ein ausschweifendes Essen mit Freunden zulässt, aber dir im Alltag vor allen Dingen Energie und Leistungsfähigkeit gibt.

Wer seinen Kalorienumsatz konsequent leicht im Defizit hält, wird auf Dauer abnehmen. Und wer dann noch richtig trainiert, beschleunigt diesen Prozess nicht nur, der Körper wird auch definierter, die Muskeln wachsen.

Kapitel 4
Training

Willkommen in der L'Ackerei

Kommen wir zum Kern des Ganzen, zumindest für mich als Athletiktrainer – dem Krafttraining. Die einen lieben es, die anderen hassen es, aber vor allem Profisportler kommen nicht darum herum. Und gerade mit zunehmendem Alter ist ein dosiertes Krafttraining jedem Menschen zu empfehlen, um die körperliche Vitalität und Leistungsfähigkeit zu erhalten.

Für mich hat der Ort, an dem hart und ehrlich gearbeitet wird, seit der Vorbereitung auf die Heim-Europameisterschaft im Basketball einen Namen: Es ist die Ackerei, die DBB-Fans und auch meine Follower sicherlich aus einigen Instagram-Storys kennen. Entstanden ist der Name im Sommer 2023, als wir ein Trainingslager in Hamburg hatten und in der Halle der Hamburg Towers trainierten. Einen richtigen Kraftraum gab es nicht, also baute ich den Spielern in den Katakomben ein Basic-Studio auf. „Jetzt wird geackert", habe ich sie immer aufgefordert. Ich mag dieses prägnante alte deutsche Wort, das an den arbeitenden Ochsen erinnert, der mit seiner Urgewalt den Pflug über den Acker zieht. Die Ecke wurde zur Ackerei.

Doch die damaligen Spanien-Legionäre Andi Obst und Jo Voigtmann waren dagegen. Der Name müsse internationaler sein. „La Ackerei", schlug Voigtmann vor. Aber ein Apostrof musste sein – „L'Ackerei" war geboren.

Dieser Ort muss kein Fitnessstudio sein, das kann auch im eigenen Keller oder irgendwo in der Natur sein. Aber hier kommen Menschen zusammen, die gemeinsam an sich arbeiten, die ihre Leistung verbessern wollen. Tritt also ein in die „L'Ackerei“, beleuchte mit mir die Elemente eines erfolgreichen Krafttrainings.

Richtig Kraft trainieren – keep it simple

Ich bin zwar schon eine ganze Weile im Geschäft, aber es ist doch erstaunlich, wie viele Moden in dieser Zeit im Fitnessbereich gekommen und wieder gegangen sind. Am Anfang, in der zum Fitnessstudio umgebauten Tennishalle, standen einige Geräte, die man mit verschiedenen Gewichten oder einem Stecksystem schwerer oder leichter machen konnte. Dazu ein Freihantelbereich, das war es im Grunde. Klingt simpel – war es auch.

Was aber mir an dieser Stelle wichtig ist: Es hat seit Jahrzehnten keine wirklich großen Neuerungen mehr gegeben. Die Bewegungsformen des menschlichen Körpers sind seit Jahrtausenden gleich, sie werden sich auch nicht ändern. Deshalb ändern sich auch die Utensilien nicht, mit denen man trainiert. Es gibt weiter Kurzhantel und Langhantel, dazu hat sich aus dem russischen Krafttraining die Kettlebell einen Platz in unseren Trainingshallen gesichert. Die klassischen Gewichte – und schließlich hat man ja noch den eigenen Körper, mit dem man arbeiten kann.

Modewellen im Fitnessstudio

Als ich bei Fitness First einstieg, eroberten die Power Plates die Studios. Das Versprechen, das man aus der Raumfahrtforschung mitbrachte: Die Vibrationsplatte werde das Training derart intensivieren, dass ein geringerer Trainingsaufwand nötig sei. Es folgte ein Riesenhype, jedes Studio, das etwas auf sich hielt, musste so ein Gerät haben. Gibt es die Power Plate noch? Ich habe lange keine mehr gesehen. Der Hype jedenfalls ist vorbei.

Die letzte große Welle waren dann die EMS-Studios, die damit lockten, dass zweimal die Woche ein 20-minütiges Training ausreicht, um sich auf ein fortgeschrittenes Fitnessniveau zu bringen. Der Hype ist inzwischen verpufft, viele der Studios haben bereits wieder geschlossen, ein nachhaltiger Erfolg hat sich nicht eingestellt.

Mein Schluss daraus ist: Es gibt auch hier keine Abkürzung, oder auf Englisch: „There's no elevator to success – you have to take the stairs." Das normale, herkömmliche Krafttraining ist der einzige nachhaltige und effektive Weg. Aber auch hier gibt es verschiedene Ansätze. Am Start meiner Fitnesstrainerkarriere waren es vor allem die US-Amerikaner Mark Verstegen und Michael Boyle, die gerade das Athletiktraining revolutionierten und mich inspirierten.

Verstegen kennen die meisten sicher noch als Fitnesscoach von Jürgen Klinsmann, der in der Nationalmannschaft plötzlich seine Philosophie der „Core Performance" mit vielen Übungen für die Körpermitte und den unteren Rücken etablierte. Als Michael Ballack und Philipp Lahm vor der Weltmeisterschaft 2006 mit Gummibändern trainierten, war die Aufregung in den Boulevardmedien groß. Das soll gut für Fußballer sein? Verrückt, dieser Klinsi! Inzwischen sind die Methoden aus der Bundesliga nicht mehr wegzudenken.

Verstegens Ansätze, gepaart mit dem „Functional Training" von Michael Boyle, faszinierten und prägten mich. Die Idee des funktionellen Trainings bestand darin, vorrangig mit der Bewegungsfähigkeit des eigenen Körpers zu trainieren. Dafür brauchte man gar nicht viel Equipment, man benötigte lediglich Langhanteln, Kurzhanteln, Sling-Trainer und ein paar Bänder. Trotzdem trainierte man mit jeder Übung ganze Muskelgruppen – das fand ich beeindruckend, weil es im Gegensatz zu den technischen Modeerscheinungen wirklich nachhaltig eine Verbesserung des Trainings bedeutete.

Funktionelles Training

Das funktionelle Training ist gerade auch für Privatpersonen unheimlich effektiv. Denn im klassischen Fitnessstudio geht an den Geräten extrem viel Zeit verloren und es wird teilweise nur ein einziger Muskel trainiert. Sitzt man beispielsweise an der Schulterpresse, dann trainiert man vielleicht den Schultermuskel Deltoideus, den Trapezmuskel und den Trizeps, aber dort kosten vier Sätze den Sportler schon wahnsinnig viel Zeit, und das Gros des Körpers wird gar nicht beansprucht. Heißt: Die Effektivität ist gering. Und wenn viele meiner Kunden eins nicht haben, dann ist das unendlich viel Zeit für das Training.

Boyles Ideen kommen aus dem klassischen olympischen Gewichtheben, und ich habe sie für meine Kunden adaptiert. Die Übungen mit den Kettlebells, Kurzhanteln oder auch lediglich dem eigenen Körpergewicht erfordern zwar komplexe Bewegungen, die viele Laien im Fitnessstudio nicht optimal hinbekommen würden. Aber im Personal Training ist der Coach dabei und kann gegebenenfalls korrigierend eingreifen, er kann auch die Schwere der Übung justieren, falls das nötig sein sollte.

Um ein ausgewogenes Training anbieten zu können, haben wir uns gefragt: Was muss der Mensch können? Wir unterscheiden vier Bewegungsmuster: Beugen, Heben, Ziehen und Drücken. Bei den Beugemustern stehen kniedominante Bewegungen im Vordergrund: die klassische Kniebeuge, Ausfallschritte oder Split Squats und einige andere Varianten. Beim Heben muss ich – wie der Name schon sagt – etwas vom Boden aufheben. Dabei arbeite ich viel mit der Hüfte, der Pomuskulatur, der hinteren Beinmuskulatur und dem unteren Rücken.

Klassische Übungen sind hier der Hip Thrust, also die Hüftbrücke, das Kreuzheben, auch einbeinig oder in der Trap Bar, sowie der Leg Curl. Beim Ziehen kann man auf Übungen wie den Klimmzug, den Ruderzug, den Slingtrainer oder den Seilzug zurückgreifen. Hier werden Schulter- und Rückenmuskulatur trainiert, aber auch die Core-Muskulatur spielt immer eine wichtige Rolle. Beim Drücken reden wir über Liegestütze, Bankdrücken in allen Variationen oder Schulterdrücken, Übungen, mit denen ich meinen Oberkörper trainieren kann. Die Arme beispielsweise kann man bei vielen Übungen gleich mittrainieren, wenn man etwa die Kurzhantel bei den Kniebeugen hochhalten muss – auch das macht das Training effektiver.

Trainieren vs. Üben

Mit 16 Jahren betrat ich zum ersten Mal ein Fitnessstudio. Es war eine umgebaute Tennishalle unweit meiner Eltern, wo ein Unternehmer ein paar alte Fitnessgeräte gekauft und direkt auf den Filz gestellt hatte. Beinbeuger, Beinstrecker, ein paar Hanteln, die klassischen Sachen.

Ich war schon immer einigermaßen kräftig, auch beim Handball, aber ich habe nie wirklich trainiert. Als ich mit meinen Kumpels das Studio betrat, hatten wir natürlich überhaupt keinen Schimmer, was wir machen sollen, und trainierten einfach drauflos. Wir haben uns an den Großen orientiert, einfach ausprobiert und gewartet, was passiert. Mal tat es weh, mal nicht, es war eher lustig als in irgendeiner Weise zielführend.

Als ich es mit meinem Studium und dem Fitnessstudio professioneller anging, habe ich mir Fachwissen angeeignet: Wie viele Sätze kann man machen? Wie viele Wiederholungen? Was bewirkt was? Ich habe schnell gemerkt, dass viele Trainingspläne in den Fitnessstudios ein klassisches Dreisatzsystem waren, also immer drei Sätze mit zehn bis zwölf Wiederholungen einer bestimmten Übung.

Oft bekamen die Kunden zu Beginn ihrer Mitgliedschaft einen Trainingsplan verordnet und trainierten dann sechs, acht, zwölf Wochen, im schlimmsten Fall sogar ein halbes Jahr lang am selben Plan, ohne die Intensität zu verändern. Da habe ich sehr schnell gemerkt, dass man viel mehr Abwechslung reinbringen kann und muss.

Die Philosophie bei ago.sport

Deshalb wollte ich für mein eigenes Studio eine klare Philosophie entwickeln. Ich wollte ein System kreieren, das uns das Training zu variieren half. Wie legten beispielsweise für jede Übung eine progressive und eine regressive Variante fest. Was bedeutet das? Nehmen wir zum Beispiel den Liegestütz. Da haben wir den klassischen Liegestütz. Also die Hände etwas breiter als schulterbreit, die Füße hüftbreit. Der Körper soll in einer Linie bleiben, die Brust soll den Boden berühren, der Bauch ist angespannt, die Oberschenkel sind angespannt.

Wenn man das zehn-, zwölf-, 15-mal schafft, kann man es auch progressiver gestalten (also erschweren), indem man zum Beispiel eine Hantelscheibe auf den Rücken legt. Es gibt aber auch eine regressive Variante, das heißt, man macht die Liegestütze entweder aus einer erhöhten Position oder man geht in die Knie und erleichtert die Übung, bis der Athlet sie richtig machen kann. Auf diese Weise sind wir die ganze Bandbreite der Übungen durchgegangen und haben Varianten entwickelt, mit denen wir unsere Profis, Amateure oder Alltagsmenschen schrittweise trainieren können.

Wenn man mit Sportlern trainiert, muss man auf den Unterschied zwischen Training und Routine achten. Wenn ich Profis Übungen für das Krafttraining gebe, dann fangen manche plötzlich an, diese Übungen jeden Tag zu machen. Weil sie nicht dreimal die Woche ins Fitnessstudio gehen, sondern gewohnt sind, tägliche Trainingsroutinen aufzubauen. Das ist aber beim Krafttraining kontraproduktiv. Wichtig ist das etwa am Spieltag oder beim Teamtraining. Etwa beim Eishockeyspieler, der vor dem Training mit dem Fahrrad fährt, um sein Herz-Kreislauf-System in Schwung zu bringen, während der andere lieber damit startet, sich mit der Blackroll auszurollen. Für Routinen bieten sich Übungen an, die die Bewegungsqualität verbessern. Deshalb ist es mein Ziel, dass jeder meiner Athleten, egal ob Profi oder Amateur, eine Routine hat, die er vor dem Sport ausführt.

Aber Aufwärmroutinen helfen nicht nur beim Krafttraining. Viele wundern sich, warum sie beim Laufen mit den Jahren immer schlechter in Schwung kommen und nach der Runde alles weh tut. Vielen dürfte es deutlich besser gehen, wenn sie vor der Runde die Sprunggelenke aktivieren, die Knie und Hüften ein bisschen beweglich machen und auch den Rückenmuskulatur aufwärmen aktivieren würden.

Beim Krafttraining allerdings setzten wir andere Prioritäten: Hier soll der Muskel gefordert, sogar ein bisschen überfordert werden, sonst wächst er nicht. Aber damit er wachsen kann, braucht er Erholung. Diesen Kreislauf nennen wir Superkompensation, und über die erfahren wir im nächsten Abschnitt mehr.

Das Modell der Superkompensation

Wenn man im Kraftbereich richtig trainieren will, sollte man zwei Fehler unbedingt vermeiden. Erstens: die Belastung zu schnell, zu stark oder gar nicht steigern. Und zweitens: die Regeneration zu vernachlässigen, denn genau da findet das Muskelwachstum statt. Und hier setzt das Modell der Superkompensation an.

Durch einen überschwelligen Reiz, zum Beispiele Liegestütze bis zum Muskelversagen, bringen wir den Körper aus seiner Homöostase, also aus seinem Gleichgewicht, und zwingen ihn durch den Trainingsreiz aus seiner Komfortzone heraus. Das empfindet der Sportler als anstrengend – und der Körper signalisiert: Ich brauche Erholung. Die müssen wir ihm geben, weil nun die Regenerationsprozesse einsetzen, die zur Superkompensation führen: Nach der Erholung ist der Körper leistungsfähiger als vorher.

So bewegen wir uns auf einer Kurve zu immer höheren Leistungen. Viel lernen über diese Strategie kann man von den Judoka. Der Kampfsport im Allgemeinen und Judo im Besonderen gehören zu den komplexesten Sportarten überhaupt. Judo ist von der Angst geprägt, sich durch einen unbedachten Angriff eine Blöße zu geben und damit zu verlieren. Man muss nicht nur extrem stark, sondern auch brutal ausdauernd sein, um nicht vom Gegner auf die Matte gelegt zu werden. Wer als Jugendlicher mit Gleichaltrigen gerauft hat, weiß, wie müde man schon nach 30, 40 Sekunden ist, wenn man in den Schwitzkasten genommen wird und versucht, sich zu befreien oder Ähnliches.

Die Kunst ist die Balance, denn neben dem Judotraining kann man gar nicht genug Ausdauer-, Kraft- und Beweglichkeitstraining machen, wenn man ganz nach oben will. Man hat sicherlich elf Einheiten oder mehr in der Woche – und das im Amateurstatus, denn die

Athleten studieren, sind bei der Bundeswehr oder gehen einem Beruf nach. Vom Sport leben kann bei den Kampfkünstlern niemand. Also trainieren sie auf einem unglaublich hohen Niveau und üben ihre Techniken ein.

Ein tolles Erlebnis war, als ich die Judoka Miryam Roper zu den Olympischen Spielen 2021 nach Tokio begleiten durfte. Die Kölnerin hat bis heute ein Dankeschön-Schild in unserem Klub hängen mit dem Spruch: „Es ist nicht schlimm, wenn es weh tut." Sport, Training, Belastung dürfen weh tun. Das mag schlimm klingen, doch wer hart trainiert, wird erkennen: Es gibt auch positive Schmerzen – zum Beispiel, wenn man im Training über das Laktat hinausgeht, sich total verausgabt, bis zum Muskelversagen trainiert und der Körper am Ende als Belohnung Endorphine ausschüttet.

Superkompensation im Mannschaftssport

Überschwellige Reize sind vor allem in Mannschaftssportarten oft noch ein Fremdwort – oder geradezu verpönt. Gerade Fußballer haben oft Angst, sich zu verausgaben, weil ihnen dann die Frische fehlt. Viele kennen das Gefühl, nach einem ausgiebigen Training der Beinmuskulatur am nächsten Morgen am liebsten gar nicht mehr aufstehen zu wollen. Für die Profikicker ist das ein kleiner Alptraum, weil sie immer Angst haben, am Wochenende schwere Beine zu haben und dann gehemmt zu sein.

Da muss man als Coach auch ein wenig an der Mentalität der Sportler arbeiten, denn wenn man sich weiterentwickeln will, muss man in Kauf nehmen, dass man auch mal einen Tag hat, an dem man nicht so frisch ist – dafür aber nach der Regeneration umso leistungsfähiger.

Das ist im beruflichen Alltag nicht anders. Es gibt Tage, die sind anstrengender, an denen verausgabt man sich und hinterher fühlt man sich erschöpft. Aber das ist in Ordnung, solange es nicht ständig so ist und irgendwann wieder eine Erholungsphase kommt. Denn sonst läuft man Gefahr, auszubrennen, und deshalb ist der Ausgleich von Anspannung und Entspannung so wichtig.

Man hat im Beruf wie im Sport und im Leben allgemein ständig eine Wahl: Will ich es mir in meiner Komfortzone bequem machen oder will ich mich verbessern? Dann muss ich mich immer wieder herausfordern, um vielleicht höhere Ziele zu erreichen.

Beim Sportler erreichen wir das, indem wir zwischen Üben und Trainieren unterscheiden. Im Mannschaftstraining macht der Fußballer sein Aufwärmprogramm, er macht seine Technikeinheiten, er versucht durch ständige Wiederholung sein Passspiel oder seine Kopfballtechnik zu verfeinern. Es sollte aber auch Athletikeinheiten geben, um den Spieler leistungsfähiger und weniger verletzungsanfällig zu machen. Dafür bieten sich im schnelllebigen Profigeschäft auch Mikrotrainings an. Denn ein Krafttraining muss nicht immer zwei Stunden dauern.

Wenn ich zum Beispiel mit den Eishockey- oder Basketballmannschaften unterwegs bin, haben wir nie viel Zeit im Kraftraum oder für den Ausdauerbereich. Dafür sind die Einheiten auf dem Court oder auf dem Eis, die Videosessions und all die anderen Dinge viel zu wichtig. Aber wir haben immer mal eine Viertelstunde übrig, in der ich ein Kurzprogramm anbieten kann. Wenn man das auf die Woche hochrechnet, sind das schon eineinhalb Stunden, die wir in Kraft- oder Ausdauertraining investieren können – ohne dass die restliche Trainingsarbeit darunter leidet.

Auch viele meiner Kundinnen und Kunden haben nur enge Zeitfenster, und die wollen sinnvoll genutzt werden. Daher habe ich mir zum Ziel gesetzt, dass die meisten Einheiten zwischen 45 und 60 Minuten dauern. Das reicht völlig aus, auch ich selbst bin selten länger im Kraftraum. Aber man muss die Zeit effizient einteilen.

Grundsätzlich gilt für alle: Die Balance zwischen Belastung und Erholung muss stimmen, dann dankt es uns der Körper mit dem Phänomen der Superkompensation. Er wird leistungsfähiger, nicht nur im Kraft-, sondern auch im Ausdauerbereich, wenn ich die Belastbarkeit durch hochintensive Läufe erhöhe.

Training in vier Kategorien

Orientieren wir uns also an den verschiedenen Bewegungsmustern des Körpers und an dem Modell der Superkompensation, ergibt sich für jeden Sportler ein individuelles Bild. Wenn ich einen Kunden habe, der dienstags und freitags kommt, dann ist er in jedem Krafttraining voll belastbar, und ich brauche den Trainingsplan nicht in verschiedene Bereiche zu unterteilen. Anders sieht es bei einem Sportler aus, der fünfmal die Woche Krafttraining macht, hier muss ich darauf achten, dass ich an bestimmten Tagen nur Teilbereiche der Muskulatur anspreche, während sich der Rest des Körpers in der Regenerationsphase befindet.

Bleiben wir aber zunächst beim normalen Sportler. Wenn ich den Ist-Zustand analysiert habe, brauche ich für einen funktionierenden Trainingsplan aus jedem der vier Bereiche je eine Übung, ich lasse ihn also beugen, heben, drücken und ziehen. Bei einem Anfänger könnte man zum Beispiel mit dem klassischen Hüftheben ohne Gewicht beginnen, kombiniert mit einem Liegestütz auf den Knien. Der zweite Block wäre dann eine Kniebeuge ohne Gewicht und ein Rudern mit dem Schlingentrainer (TRX-Band), bei dem ich den Schwierigkeitsgrad über den Abstand der Füße variieren kann und so weiter.

Wie wir Training effektiv gestalten

Ein Schlüssel zum Erfolg ist ein effektives Training, gerade bei Menschen, deren Zeit begrenzt ist. Meine Beobachtung in den Fitnessstudios war, dass die Sportler unheimlich viel Zeit an einer Übung verbrachten, einen Satz machten, dann erstmal aufs Handy schauten oder die Zeitung lasen und dann irgendwann die nächsten zehn Wiederholungen begannen.

Die Idee: Verbindet man zwei Übungen miteinander, deren Bewegungsmuster unterschiedlich sind, und macht zwischen den Sätzen nur eine kurze Pause, bekommt man ein viel effektiveres Training hin. Ein Beispiel: Bei der Hüftbrücke werden vorrangig die Rückseite der Beine, der Po und der untere Rücken trainiert, bei der Liegestütz kommen die Schultern, die Arme und die Brustmuskulatur zum Einsatz. Zusammen hat man Großteile des Körpers trainiert. So kombiniere ich die Übungen, variiere bei meinen Kunden die Pläne und mache mit ihnen immer weiter Fortschritte, in kleinen Schritten werden sie immer stärker.

Diese Grundidee wenden wir in den meisten Fällen an, aber wir sind durchaus flexibel. Natürlich kann es sinnvoll sein, mal eine Übung sehr exzessiv zu machen, wenn jemand etwa besonders viel Muskulatur aufbauen will. Oder man kombiniert drei unterschiedliche Übungen oder einen ganzen Zirkel miteinander. Abwechslung gehört zu einem guten Trainingsplan auch dazu.

Das sind die Grundlagen unseres Krafttrainings, das wir nicht nur für unsere normalen Kunden anbieten, sondern natürlich auch für die Profisportler adaptieren. Und das ist dann die Königsdisziplin, denn hier kommt beispielsweise noch das Training für mehr Kraftexplosivität dazu. Zudem müssen wir deren Belastung im Club berücksichtigen. Für den normalen Sportler gilt es aber, vor allen Dingen auch den wichtigsten Muskel seine Körpers zu trainieren: das Herz. Und das geht am besten mit Ausdauertraining.

Komm in den Cardio-Club

Wenn man aktiven Kindern beim Spielen zusieht, wird einem schnell klar: In jungen Jahren holt man sich die nötige Fitness für ein funktionierendes Herz-Kreislauf-System beinahe von selbst. Beim Stromern durch die Nachbarschaft, auf dem Fahrradweg zur Schule, beim Sport im Verein oder beim Kicken im Garten.

Diese natürliche Bewegung fehlt uns im beruflichen Alltag recht häufig. In einer Gesellschaft, in der mehr und mehr Zeit vor dem Computer verbracht wird und so mancher danach gleich vor den Fernseher fällt, ist Bewegung Mangelware. Wir müssen etwas dafür tun, wenn wir unsere Ausdauer erhalten oder verbessern wollen. Wir müssen unser Herz-Kreislauf-System trainieren.

Dabei geht es nicht darum, gleich einen Marathon anzupeilen oder einen Triathlon zu absolvieren. Die Grundlage ist viel simpler. Es ist die Bewegung im Alltag. Inzwischen zählt jedes Smartphone die Zahl der täglichen Schritte mit, und daher ist es für uns relativ leicht festzustellen, ob wir uns auch ausreichend bewegen.

Oft ist das nicht der Fall – im Gegenteil: Viele Menschen bewegen sich erschreckend wenig. Je nach Studie sollen wir zwischen 7000 und 10 000 Schritten am Tag machen, wer aber im Bürojob ist, das Auto und den Aufzug benutzt und sich sonst auch nicht anderweitig bewegt, kommt niemals auf solche Zahlen, das muss einem bewusst sein.

Dabei wäre das so wichtig, denn wenn man diese 10 000 Schritte am Tag absolviert hat, hat man eine gute Grundlage, die hilft, die allgemeine Gesundheit zu erhalten und den üblichen Zivilisationskrankheiten vom Übergewicht bis zum Bluthochdruck vorzubeugen. Ein kleiner Spaziergang reicht oft schon aus und hat weitere Vorteile: Man kommt an die frische Luft, man fördert die Vitamin-D-Produktion, kurbelt den Stoffwechsel an und verbrennt dazu Kalorien. Und besser schlafen wird man auch.

Deshalb sollte man sich überlegen, wie man die tägliche Bewegung fest in sein Leben einbaut. Wer einen Hund hat, muss ohnehin spazieren gehen. Aber es gibt natürlich auch andere Dinge, die sich nutzen lassen: Nimm auf der Arbeit die Treppen statt des Aufzugs, lege kurze Strecken zu Fuß zurück, kauf mit dem Fahrrad ein oder Ähnliches.

Grundlagenausdauer vs. VO2max

Die nächste Stufe ist dann das Ausdauertraining, also die Belastung mit niedriger Herzfrequenz, etwa beim Laufen, Radfahren, Rudern oder Schwimmen. Das Training in der „Zone 2" – man ist angestrengt, kann sich aber noch normal unterhalten – ist wichtig, aber auch zeitaufwändig. Wer beispielsweise bei einer Herzfrequenz von 125 zehn Minuten Fahrrad fährt, tut schon mal etwas für sich. Es sollte einem allerdings bewusst sein, dass diese Belastung nicht einmal die Kalorienzahl eines kleinen Stückchens Schokolade verbraucht. Echte Wirkung erzielt eine Ausdauereinheit, wenn sie – der Name sagt es schon – dauert. Deshalb sollte man sich für dieses Training Zeit nehmen, um ausreichend Grundlagentraining zu machen. Eine Faustregel könnte sein, dass eine Einheit mit niedriger Belastung über 40 Minuten dauern sollte, es darf natürlich gerne mehr sein.

Der andere Bereich ist das hochintensive Ausdauertraining, das sogenannte VO2max-Training, in dem mit kürzeren Belastungen die Sauerstoffaufnahmefähigkeit des Blutes trainiert wird. Beispielsweise kann man hier mit vier mal vier Minuten intensiven Trainings bei 80 Prozent der maximalen Herzfrequenz auf dem Laufband oder dem Ergometer arbeiten und so schon Verbesserungen erzielen.

So steigerst du deine Ausdauer

- *Finde ein Ausdauertraining, das dir liegt oder variiere Schwimmen, Radfahren, Rudern: Nicht jeder muss laufen.*
- *Trainiere nach der Herzfrequenz, lange Einheiten mit niedrigem Puls trainieren das Herz-Kreislauf-System.*
- *Wechsle lange Grundlagenausdauer mit knackigem VO2-Training für einen größeren Motor ab.*

Ich empfehle meinen Klienten immer einen Mix aus beiden Trainingsformen, um das Herz-Kreislauf-System optimal zu trainieren. Viele Leute trainieren irgendwas dazwischen, nicht richtig hoch, aber auch nicht niedrig genug – das ist nicht wirklich effektiv.

Aber welche Ausdauersportart soll es nun sein? Die erste Wahl ist für viele das Laufen, sie vergessen aber dabei, dass das eine komplexe Sportart ist. Eine vernünftige Ausrüstung ist wichtig, dazu sollte man auch auf seinen Laufstil achten, um langfristig Verletzungen zu vermeiden. Wer zu viel Gewicht auf die Waage bringt, für den ist vielleicht auch das Fahrrad oder das Schwimmen die bessere, gelenkschonendere Alternative. Auch das Rudergerät im Fitnessstudio ist eine Option.

Vielen ist das zu langweilig, sie packen wieder den Tennisschläger aus oder gehen Fußballspielen. Das Problem: Die Verletzungsgefahr ist oft höher als der Nutzen. Da ist Vorsicht geboten!

Das richtige Training für den Hobbysportler

Wie sieht aber das richtige Training für den Hobbysportler aus? Gerade in den sogenannten „besten Jahren" haben viele den Sport aus den Augen verloren. Der Stress im Job, die Beanspruchung durch die Familie, das Eigenheim, der Hund, alles fordert seinen Tribut, frisst Zeit, und der eigene Körper ist der Leidtragende.

Viele der Privatpersonen, die zu mir kommen, beschäftigt natürlich eine Frage: Wie viel Training ist nötig, um die gesteckten Ziele zu erreichen? Das ist wenig verwunderlich, denn meist handelt es sich um Menschen, die in ihrem Job erfolgreich sind und einen ausgefüllten Tagesplan haben. Sie stehen mitten in Beruf und Leben, haben meist eine Partnerschaft, viele ein Eigenheim, Kinder, einen Hund und weitere Hobbys oder ehrenamtliche Verpflichtungen. Das normale Leben hat eben Einzug gehalten.

Aber alle Argumente gegen regelmäßigen Sport kontere ich mit der Ein-Prozent-Regel. Dieses eine Prozent der Zeit muss man für Sport übrighaben. Wenn also eine Woche 168 Stunden hat, dann wären das zweimal 50 Minuten – für mich das absolute Minimum an sportlicher Betätigung. Die müssen meine Sportler erübrigen, sonst ergibt es keinen Sinn.

Wer glaubt, diese Zeit nicht zu haben, dem nenne ich das Beispiel von Barack Obama. Selbst als US-Präsident schaffte er es, zwei Stunden in der Woche Sport zu treiben. Und ich glaube kaum, dass einer meiner Klienten einen Job hat, der noch anstrengender und aufwändiger ist als der, in schwierigen Zeiten die freie Welt anzuführen.

Meistens wissen meine Sportler auch, dass es Zeit ist, etwas zu tun. Dabei ähneln sich die Biografien: Oft begegne ich in den Erstgesprächen Menschen, die in ihrer Jugend viel Sport gemacht haben, die aber mit dem Abschluss des Studiums und dem Start ins Berufsleben den Faden verloren haben. Karriere und Familie waren wichtiger, und so wird man 40, der Bauch ist gewachsen, der Blutdruck gestiegen und der Stoffwechsel ramponiert. Gegessen wird immer dann, wenn der Job es gerade zulässt, doch meist nicht wirklich gesund. Schließlich hört man irgendwann die Signale und sucht sich Hilfe – von einem Coach. Da kommen wir ins Spiel, und ich setze bei diesen Wiedereinsteigern auf ein Ganzkörpertraining. Ich versuche nicht, einzelne Muskelgruppen anzutrainieren. Wie wir schon gesehen haben, ist es effektiver, mit Liegestützen, Kniebeugen oder Bankdrücken viele Muskeln anzusteuern.

Wer mehr will, muss aber auch das Ausdauertraining einbauen: Zweimal Krafttraining lässt sich optimal mit zwei Cardio-Einheiten in der Woche ergänzen. Ein längerer Lauf oder eine Radtour mit niedrigem Puls und eine Einheit wie weiter oben beschrieben als hochintensives VO2max-Training.

Wer allerdings von einem Beach-Body träumt, der muss wissen: Gerade in fortgeschrittenem Alter wird es immer schwieriger, Muskeln aufzubauen. Drei, besser vier Krafteinheiten in der Woche sind da schon nötig, auch sollte man jene Regionen, die man trainieren möchte, mit unterschiedlichen Übungen ansprechen.

Dass es trotzdem auch zügig geht, das haben mein Mitautor Alexander Haubrichs und ich 2017 bewiesen. Alex war damals 42 Jahre alt und berichtete für den *Express* über den 1. FC Köln. Wir standen immer wieder in Kontakt, nachdem ich ihn und drei Kollegen sowie meinen langjährigen Kunden Uli 2012 auf den StrongmanRun am Nürburgring vorbereitet hatte.

Meine Idee: Eine Körpertransformation in sechs Wochen von der Couch-Potato zur Strandfigur. Wir waren umtriebig, hatten mit meinem langjährigen Ausrüster Under Armour und Polar namhafte Unterstützer und tauften es das „Baywatch-Projekt“, weil gerade die

Verfilmung der Kultserie mit Zac Efron und Dwayne „The Rock“ Johnson in die Kinos kam. Alexander wollte zum Sommerurlaub aussehen, als könnte er Teil des Casts sein.

Ohne unser Zutun wurde der Druck maximal. Alex hatte sich in Baywatch-Hose, Rettungsboje und mit seinen 93 Kilogramm fotografieren lassen. Was er nicht wusste: Sein damaliger stellvertretender Chefredakteur Christian Knop nutze das Foto als „Schürze“ für die berühmten roten *Express*-Kästen, sein Bauch war so auf DIN A3 in allen Ecken der Stadt zu sehen. Und er wusste auch noch nicht, was ich ihm beim ersten Training an Ernährungsplan mit auf den Weg geben würde: Chips und Süßigkeiten waren tabu, Alkohol sowieso, und überhaupt fuhren wir die Kohlenhydrate auf nahe null zurück. Alexander sollte eine ketogene Diät machen, komplett auf Proteine setzen. Dazu war jeden Morgen eine Ausdauereinheit über mehr als 45 Minuten auf dem Programm plus ein Krafttraining an sechs Tagen in der Woche.

Die Terminfindung war nicht einfach: Ich hatte einen vollen Terminkalender, und dann gab es auch noch das Transfertheater um Volksheld Anthony Modeste vom 1. FC Köln nach China, das Alexander in seinem Hauptjob rund um die Uhr in Beschlag nahm.

Aber wir hielten uns an das Commitment, trainierten mal um fünf Uhr morgens, mal nach 22 Uhr. Alex konnte furchtbar schön leiden und ich ziemlich gut quälen, trotzdem hatten wir viel Spaß und brachten das auf Instagram auch rüber. Dort versammelten wir eine illustre Fanschar, zu der auch viele Profi-Sportler gehörten, die plötzlich ihre ganz private ago.sport-Soap hatten mit uns beiden in der Hauptrolle. Ausreden gab es keine. Alex hielt tapfer seine Diät ein, auch wenn ich die tägliche Kalorienzufuhr von 2100 erst auf 1800 und dann auf 1500 Kalorien zurückdrehte – und das bei der körperlichen und beruflichen Belastung. Nur einmal rief er mich völlig fertig an. Er war abends noch Fußballspielen gegangen – seine dritte Einheit an diesem Tag – und hatte sich danach ein Weizen gegönnt. Zu Hause fand er sich vor der Süßigkeitenschublade wieder und stopfte Haribo in sich hinein. Und dann schrieb er mir. Ich richtete ihn auf: Kein Beinbruch, morgen wieder zurück zur Routine.

Nach sechs Wochen konnte sich das Ergebnis sehen lassen: Alexander wog nur noch 82 Kilogramm, hatte also elf Kilo abgenommen, dabei Muskeln aufgebaut, einen Körperfettanteil von unter zwölf Prozent, und er war fit wie nie zuvor. Leider hielt das nicht ewig an, wer so eine Crashdiät ansetzt, für den ist die Gefahr des Jo-Jos groß.

Deshalb sollte man bei der Ernährung sanft und nachhaltig ansetzen – und nicht mit Gewalt. Wer sich zu viel versagt, dem fällt es schwer, das auf lange Strecke durchzuhalten. Oft reicht es schon, das Bier und die Chips am Abend wegzulassen oder einen Latte Macchiato weniger zu trinken. Wichtig ist ein Kaloriendefizit, aber kein zu hohes, weil sonst der Körper auf Sparflamme schaltet und das Muskelwachstum schwierig wird.

Ich versuche meinen Kunden zu helfen, eine gesunde Ernährung aufzubauen, Ablenkungen zu reduzieren, Routinen auch für Geschäftsreisen oder Geschäftsessen einzuführen, damit die mühsam erarbeiteten Erfolge nicht gleich wieder zunichtegemacht werden.

Auch für Schmerzpatienten ist das richtige Krafttraining oft ein Schlüssel, der sie raus aus dem Teufelskreis führt. Bei ihnen sollte allerdings auch die Beweglichkeit im Vordergrund stehen. Da bin ich ein Freund von kurzen Routinen, am besten gleich nach dem Aufstehen. Fünf Minuten reichen schon aus, um sich nach wenigen Wochen beweglicher zu fühlen. Und wenn man merkt, wie gut das tut, werden aus den fünf Minuten schnell zehn, und die Schmerzen lassen nach.

Wir kommen immer wieder zur gleichen Feststellung: Für alle Ziele der Hobbysportler gilt wie für die Profis, dass es keine Abkürzung zum Glück oder Erfolg gibt. Es geht um Nachhaltigkeit, nicht um schnelle Erfolge. Und es geht um den ganzen Körper. Wer glaubt, nur den Bauch trainieren zu müssen, um dort wieder ein Sixpack zu sehen, der wird schnell merken, dass das allein nicht ausreicht.

Wichtiger aber als alle Muskeln sind die regelmäßige Bewegung und die festen Sporttermine als Grundlage einer gesunden Lebensweise. Sie sollten feste Routine werden, um auch im Alter fit, beweglich und sportlich zu sein.

Mobilisation und Beweglichkeit

Apropos Beweglichkeit: Ich bin überzeugt, einer der limitierendsten Faktoren gerade bei Männern ist das Thema Beweglichkeit. Wir kommen ja alle mit den gleichen Voraussetzungen auf die Welt, aber die eigene Mobilität verlieren wir irgendwann aus dem Fokus – falls wir nicht gerade Turner sind oder eine ähnliche Sportart verfolgen. Ab dem 30. Lebensjahr merkt man, dass die Koordination und Beweglichkeit nachlässt – auch ich habe das gemerkt. Deshalb habe ich mir eine Routine angewöhnt, die ich vor jedem Krafttraining absolviere.

Die habe ich sehr niederschwellig und einfach gestartet, habe mir fünf einfache Übungen ausgesucht, angelehnt an die „Fünf Tibeter", die älteste Beweglichkeitsroutine der Welt. Ab und an erweitere ich sie mit einfachen Übungen zum Stretching und zur Gelenkmobilisation. Da reichen oft acht bis zehn Minuten, manchmal baue ich das auf 25 bis 30 Minuten aus, um ein Gefühl von Geschmeidigkeit zu bekommen. Yoga ist natürlich die Königsdisziplin, wer Spaß dran hat, sollte das unbedingt machen, auch für Sportler ist Yoga eine hervorragende Ergänzung zum Training.

Come back stronger – Verletzungen als Chance

Es ist der Horror eines jeden Profisportlers, und auch der Hobbyathlet fürchtet genau diesen Moment: Ein Band reißt, ein Knochen bricht, ein Gelenk funktioniert nicht mehr so, wie es soll. Die Diagnose – man denke nur an den gefürchteten Kreuzbandriss beim Fußballer – trifft einen oft wie ein Hammerschlag.

Auch ich war als Sportler davon betroffen und musste erst einmal an mir arbeiten, um mit Rückschlägen richtig umzugehen. Meist kommt von Sportkollegen und Freunden dann schnell der Wunsch: „Come back stronger", und wer diesen Satz nicht nur als Phrase auffasst, merkt, dass ein wahrer Kern darin steckt. „Komm stärker zurück" bedeutet für mich, eine Verletzung auch als Chance für meine Athleten zu sehen.

Gerade für Mannschaftssportler ist im normalen Trainingsalltag die Zeit, an seinen Defiziten zu arbeiten, sehr begrenzt. Die Vorbereitung soll einen in erster Linie fit für eine lange Saison machen, hat die begonnen, hangelt man sich von Spiel zu Spiel. Gerade im Eishockey, aber auch in den Ballsportarten geht es Schlag auf Schlag, und das Ziel ist die bestmögliche Leistung am Spieltag und weniger die langfristige Entwicklung. Am Ende der Saison regeneriert man sich – körperlich und mental ausgelaugt – ein paar Wochen, bevor der Zauber mit der nächsten Vorbereitung von vorne beginnt. Viele Profis haben zwischen dem Sprung aus dem Nachwuchsleistungszentrum und dem Ende ihrer Karriere nur selten Zeit zum Innehalten. Es geht immer weiter, egal ob man von Erfolg zu Erfolg eilt oder um einen neuen Vertrag kämpft – ein Teufelskreis.

Verletzungen kann man da gar nicht brauchen. Wenn es einen erwischt hat, steht am Anfang erst einmal der Schock. Der Sportler hat Angst, das Team ist gestresst. Dann spielen die Ärzte eine Schlüsselrolle, denn es ist unglaublich wichtig, so schnell wie möglich eine genaue Diagnose zu bekommen, um dem Sportler eine Perspektive zu bieten. Hier sind wir wieder bei meiner Begegnung mit Dr. Hans-Wilhelm Müller-Wohlfahrt: Es ist entscheidend, dass eine Diagnose auf die richtige Art und Weise kommuniziert wird, denn in diesem Moment werden die Weichen für die Mentalität der nächsten Wochen gestellt.

Ist der erste Schock verdaut, geht es an die Arbeit. Jetzt gilt es für den Athleten, dem Körper eine Auszeit zu gönnen, sich entzündungshemmend zu ernähren, bis man wieder in der Spur ist und gegebenenfalls operiert wurde. Der nächste Schritt ist, ein Programm zu finden, das auf die Situation des Sportlers zugeschnitten ist. Schließlich ist er Bewegung und Belastung gewohnt und kann mit körperlichem Leerlauf wenig anfangen. Drei Viertel seines Körpers sind wahrscheinlich voll funktionsfähig. Also muss er ihn auch bewegen, damit er so leistungsfähig wie möglich bleibt.

Hat man die Situation angenommen, sollte man dann gemeinsam mit seinem Trainer analysieren: Woran kann ich in meiner Situation arbeiten? Was erfordert meine Verletzung? Wofür blieb bislang nie Zeit? Egal, ob das körperliche oder mentale Dinge sind. Man ist vielleicht zwei, drei, sechs Monate raus und hat plötzlich ungeahnte Möglichkeiten.

Bei normalen Menschen sind es nicht unbedingt Kreuzbandrisse oder Knochenbrüche, die eine Auszeit unumgänglich machen. Es sind die Zivilisationskrankheiten Bluthochdruck, Diabetes oder etwas Ernsteres wie Herzinfarkt, Schlaganfall, Burnout, die auch erfolgreiche Menschen manchmal für lange Zeit aus der Bahn werfen können. Das ist dann mehr als ein Schuss vor den Bug, doch bei allem Leid birgt dies auch die Chance, die richtigen Lehren zu ziehen. Plötzlich ist Zeit für Reha, für Sport, für eine Ernährungsumstellung, um das Leben zum Besseren zu verändern.

Mein Moment des Innehaltens ist noch gar nicht so lange her. Vor einigen Jahren habe ich mir beim Rennradfahren die Schulter schwer verletzt. Ich war mit DEL-Routinier Torsten Ankert unterwegs, wir wollten eine längere Rennradtour machen. Doch dann passierte es: Ein entgegenkommender Radfahrer hatte nicht aufgepasst und erwischte mich auf dem Radweg mit voller Wucht. Mein Abgang ging über den Lenker, ich landete mit meinem ganzen Gewicht auf der Schulter. Ich wusste schnell, dass etwas kaputt ist, und hinterfragte mich schon auf dem Weg zur Klinik selbst. Nachdem die Ärzte festgestellt hatten, dass es nicht so gut aussah, begab ich mich direkt zu den Spezialisten in der Mediaparkklinik. Da stand ich dann vor der Wahl: Eine konservative OP war möglich, aber schneller würde es mit einer Titanplatte gehen. Ich wollte ja arbeiten, ich haderte damit, überhaupt aufs Rad gestiegen zu sein, also entschied ich mich für Letzteres. Die Ist-Situation anzunehmen war für mich aber gar nicht so einfach.

Das war die Gelegenheit, meine Philosophie am eigenen Leib zu erfahren. Die Eishockeysaison war gerade zu Ende, sodass ich auch eine Pause einlegen konnte, bevor ich wieder mit dem Krafttraining begann. Vor der OP war ich nochmal im Training, fuhr gleich meine Kalorienaufnahme runter und ernährte mich entzündungshemmend. Aber auch hier ist das Umfeld entscheidend, das einen antreibt. Für den Mannschaftssportler kann es die Mannschaft sein, zu der man den Kontakt nicht verlieren darf, für den Privatmenschen sind es Familie, Freunde und Kollegen, die einem Mut machen können, damit man tatsächlich stärker zurückkommt als vor der Verletzung oder dem gesundheitlichen Schicksalsschlag. Am Ende liegt es aber zuallererst auch an einem selbst, ob man es schafft, in der jeweiligen Situation das Positive zu erkennen und das Beste daraus zu machen – so schwer das manchmal auch ist. Ich habe dann begonnen, über die Bewegung zurück ins Training zu finden, habe mehr geübt als trainiert. Und irgendwann habe ich meinen Weg zurückgefunden, und so rate ich das meinen Athleten auch.

Die vier Schritte bei einer schweren Verletzung

- *Einen guten Arzt und Therapeuten suchen*
- *Entzündungshemmende Ernährung, Pause, mentale Annahme der Ist-Situation*
- *Angepasstes Training (der allgemeinen Belastung bzw. der gesunden Körperregion)*
- *Positives, supportendes Umfeld schaffen*

Kapitel 5
Regeneration

Die Macht des Schlafs

Schon beim Modell der Superkompensation haben wir gemerkt, wie unglaublich wichtig gerade für einen Sportler das Thema Regeneration ist. Wer sich besser und schneller erholt, kann härter trainieren und wird am Ende auch eine bessere Leistung bringen können als jemand, dem das nicht gelingt.

Der Schlüssel zu mehr Leistungsfähigkeit liegt vor allen Dingen in der Nacht. Es ist erwiesen: Wer ausreichend und vor allem gut schläft, erholt sich schneller. Es dauert aber eine ganze Weile, bis man das eigene Schlafverhalten als Grund für eine bessere oder schlechtere Performance akzeptiert. Viele meiner Kunden berichten, dass sie während der Woche kaum und dafür am Wochenende lange schlafen – und trotzdem kommen sie montags kaum aus den Federn. Verlorenen Schlaf kann man eben nicht nachholen, der Rhythmus ist entscheidend.

Ich habe auch eine Weile gebraucht, bis ich dem Schlaf die Aufmerksamkeit gab, die er verdient. Irgendwann habe ich aber angefangen, ihn mittels Tracker – erst mit einem sogenannten Oura-Ring, inzwischen mit einem Whoop-Armband – zu analysieren und habe dabei einige wichtige Erkenntnisse gewonnen.

Schlafzyklen dauern 90 Minuten

Als Erstes muss man wissen, dass wir in Zyklen schlafen. Ein Zyklus dauert ungefähr 90 Minuten, auf eine Einschlafphase folgt eine Tiefschlafphase und dann eine Aufwachphase. Das geschieht in Wellen während der Nacht. Und wenn man sich das vor Augen hält, wird klar, dass es wenig Sinn ergibt, nach sieben Stunden den Wecker klingeln zu lassen, weil man sich da möglicherweise mitten in einer Tiefschlafphase befindet und sich dann entsprechend gerädert fühlt.

Stattdessen ist es mein Ziel, jede Nacht 7,5 Stunden zu schlafen, mit einer Viertelstunde Einschlafphase davor. Dann bin ich frisch, wach und ausgeruht und kann in den Tag starten. Allerdings ist die Schlafdauer individuell. Es gibt Menschen, die viel weniger Schlaf benötigen, dann gibt es wieder andere, die länger brauchen, um die nötige Erholung zu finden.

Wenn es meine beruflichen Aufgaben zulassen, behalte ich diesen Rhythmus auch am Wochenende bei, das macht es dem Körper einfacher. Normalerweise stehe ich zwischen fünf und sechs Uhr auf, also relativ früh. Das ist eine Frage der Prioritäten, denn für mich ist es wichtig, morgens mehr Zeit dafür zu haben, viele Dinge zu erledigen, bevor der erste Termin auf dem Kalender steht. Und weil ich so früh aufstehe, bin ich abends auch entsprechend müde.

Trotzdem muss das Einschlafen funktionieren, und auch dafür kann man etwas tun. Eine Maßnahme: möglichst früh am Tag mit dem Koffeinkonsum aufzuhören. Das heißt, ich versuche, meinen letzten Kaffee nach dem Mittagessen zu trinken – spätestens ab 17 Uhr verzichte ich ganz auf Koffein.

Auch den Espresso nach dem Abendessen lasse ich inzwischen weg. Viele sagen jetzt, dass es ihnen nichts ausmacht und sie trotz des kleinen Schwarzen zum Dessert gut schlafen können. Das schaffe ich auch. Aber wenn ich mir am nächsten Morgen meine Schlafanalyse anschaue, merke ich, dass sich das Koffein doch auf die Schlafqualität ausgewirkt hat. Die Tiefschlafphasen sind nachweislich nicht so gut, weil der Wachmacher auch im Schlaf die ganze Nacht über wirkt, die Erholung fällt schlechter aus. Bis zu sieben Stunden braucht der Körper, um das Koffein abzubauen.

Spätes Essen mindert die Schlafqualität

Der nächste Punkt ist das Essen: Ich nehme meine letzte Mahlzeit möglichst spätestens vier Stunden vor dem Schlafengehen ein. Der Magen-Darm-Trakt braucht viel Energie, um das, was wir gegessen haben, zu verstoffwechseln. Das ist anstrengend. Wenn ich abends um 21 Uhr auf einer Party noch ein T-Bone-Steak esse, merke ich sofort, wie mein Schlaf darunter leidet. Es hilft auf jeden Fall, dem Körper vor dem Schlafengehen die Zeit zur Verdauung zu geben.

Auch wenn es mich persönlich nicht betrifft: Verheerend wirkt sich der Konsum von Alkohol auf die Schlafqualität aus. Zwar wirkt er im Gehirn entspannend, und man schläft leichter ein. Doch er stört die Schlafphasen teilweise empfindlich, durch einen erhöhten Cortisol-Spiegel wacht man häufiger nachts auf. Man muss gar nicht wirklich viel getrunken haben, damit sich die Muskulatur im Rachen lockert und man dadurch schnarcht, was nicht nur den Partner stört, sondern auch den Körper anstrengt. Zudem beeinträchtigt der Alkohol die REM-Phase und fördert den Harndrang, der wiederum den Schlaf stört – viele Gründe, warum man insbesondere vor dem Schlafengehen auf den Konsum von Alkohol verzichten sollte. Viele Smartwatches haben ja inzwischen eine Schlafanalysefunktion – wer nach der nächsten Party mal darauf achtet, wird das an den Daten erkennen.

Aber zurück zu meinen Tipps für eine erholsame Nacht: Mir helfen Routinen am Abend. Eine halbe Stunde vor der geplanten Schlafenszeit schaltet mein iPhone in den Schlafmodus. Das lässt sich einstellen und ist für mich das Signal, spätestens jetzt mit der Arbeit aufzuhören und den Laptop zuzumachen. Dann beginne ich mit meiner Abendroutine: Ich setze meine Blaulichtblocker auf, um das störende Licht der Bildschirme auszufiltern, packe Tasche und Kleidung für den nächsten Tag und versuche, mich mental auf die Aufgaben vorzubereiten, die mich nach dem Aufstehen erwarten.

Am Morgen sehe ich dann auch, wie das mit der nächtlichen Erholung funktioniert hat. Die App zeigt die Schlafdaten der Nacht an. Und da merke ich sofort, wenn ich durch Fehlverhalten meine Ruhephase negativ beeinflusst habe. Vielleicht habe ich zu viel gegessen, zu spät trainiert, vielleicht bin ich auch übertrainiert: All das erkennen diese modernen Tracker ziemlich genau und zeigen es an – und geben mir so die Möglichkeit, an der einen oder anderen Stelle nachzujustieren.

Das hört sich alles gut an, zu Hause herrschen allerdings quasi Laborbedingungen. Hier kann ich das Schlafsetting optimal steuern. Aber wenn man viel unterwegs ist, dann kann man nicht jeden Tag um 17:30 Uhr Reis mit Hühnchen und Gemüse essen. Nicht selten macht einem das Leben einen Strich durch die Rechnung.

Im Hotel tun sich viele mit dem Schlafen schwer, weil dort alles anders ist. Das Bett, die Geräusche, die Klimaanlage, vielleicht geschlossene Fenster. Das beeinflusst die Nachtruhe. Wenn ich mit den Haien unterwegs bin, sitze ich oft erst spät abends im Bus und komme frühmorgens in Köln an. An einen vernünftigen Schlafrhythmus ist da kaum zu denken. Da müsste ich mein ganzes System umstellen. Wenn ich später ins Bett gehe, stehe ich morgens trotzdem zu meiner gewohnten Zeit auf, auch wenn ich dann etwas müder bin, um nicht ganz aus dem Rhythmus zu kommen.

Und ich habe gelernt, dass mir kleine Powernaps als Ausgleich guttun. Die Gefahr ist allerdings, dass man zu lange schläft, in die Tiefschlafphase fällt und sich dann beim Aufwachen gerädert und schlapp fühlt. Deshalb habe ich meine eigene Taktik entwickelt, die ich mir bei den Navy SEALs abgeschaut habe: Ich trinke einen doppelten Espresso und stelle den Wecker auf 26 Minuten. Dann nicke ich ein. Wenn der Wecker klingelt, kickt der Kaffee, und ich fühle mich wach und ausgeruht.

Den Schlaf nachzuholen, funktioniert nicht wirklich. Ich versuche einfach, am nächsten Tag etwas früher ins Bett zu gehen. Insgesamt sollte man sich von den Gadgets nicht verrückt machen lassen. Wenn ich einmal schlecht geschlafen habe, ist das noch nicht das Ende der Welt. Erst nach ein paar Tagen sollte man nach den Gründen suchen.

Meine Voraussetzungen für erholsamen Schlaf: ein kaltes Zimmer (15 bis 18 Grad), absolute Dunkelheit und eine dünne Decke. Außerdem benutze ich zu Hause wie auf Reisen ein Blackroll-Kissen, das sich der Kopfform immer wieder anpasst. Seitdem habe ich vor allem auf Reisen keine Nackenprobleme mehr. Wer konsequent ist, lässt auch das Smartphone aus dem Schlafzimmer – aber das gelingt mir noch nicht.

Tipps für gesunden Schlaf

- *Zimmertemperatur kühl, Zimmer dunkel, Lichtquellen minimieren*
- *Nicht zu spät essen, Alkohol mindert die Schlafqualität*
- *Schlafzyklen vorausschauend nutzen*
- *Circadianer Rhythmus – die innere Uhr beachten: morgens raus und an die Sonne, abends eher gedämmtes Licht, wenig blaues Licht – auch am Wochenende*

Aktive Regeneration

Aber nicht nur der Schlaf trägt zur Regeneration bei. Bei Sportmannschaften ist es zum Beispiel Tradition, am Tag nach einem Pflichtspiel locker auszulaufen. Das ergibt Sinn: Durch die leichte Belastung bleiben die Muskeln durchblutet, Abbauprodukte werden besser abtransportiert und die nötigen Aufbauprodukte erreichen schneller ihr Ziel im Körper.

Einen ähnlichen Effekt haben Sauna oder Massage, auch das Ausrollen mit Faszienrollen kann die Regeneration unterstützen. Der Sprung ins Eisbad direkt nach dem Training hilft, die Entzündungsreaktion im Gewebe zu stoppen, die durch Mikrorisse im Muskelgewebe hervorgerufen wird, und so einen Muskelkater gar nicht erst entstehen zu lassen.

Ich bin ein großer Freund des Eisbadens – nicht erst, seit das in Mode gekommen ist. Als Jugendlicher war ich eher der Sonnenanbeter, mit Ausnahme des Skifahrens habe ich die Wärme bevorzugt. Auch das änderte sich während meines Wehrdienstes.

Eines Morgens waren wir auf der Reiteralpe, einem Übungsplatz bei Bad Reichenhall. Da haben wir biwakiert und sind um 4:30 Uhr zur Morgenwäsche gerufen worden. Wir haben uns in einer Kuhtränke gewaschen – unter den Argusaugen der Offiziere, die wirklich Wert auf eine intensive Körperhygiene legten, auch wenn wir schon wenig später wieder durch den Matsch krochen. Im ersten Moment hasste ich das kalte Wasser, doch ich merkte auch schnell, wie wach mich der kalte Kick machte.

Dann kam die Zeit auf, als Wim Hof das Eisbaden bekannt gemacht hat. Ich erinnerte mich an die Kuhtränke und stieg rein in den Heider Bergsee oder den Bleibtreusee. Im ersten Moment ist die Atmung hektisch, Adrenalin schießt durch den Körper. Da gilt es, die Ruhe zu bewahren und tief zu atmen, nach ca. drei Minuten merkt man, wie der Körper die äußeren Hautschichten durchblutet, und die Kälte macht einem nichts mehr aus. Damals wusste ich noch nichts von den vielen Vorzügen, doch ich merkte, dass es mir guttat. So bin ich dann am Wochenende raus in die Natur, habe mir die Badehose angezogen und bin in einen Fluss oder einen See gestiegen – es wurde zu einer regelmäßigen Routine.

Inzwischen habe ich mir eine Eistonne mit Wärmepumpe gekauft, mit der man die Temperatur runterregeln kann – und die nutze ich ziemlich ausgiebig. Da kann man regenerieren, meditieren. Das Eisbaden verbessert die Regeneration, Kortisol, Adrenalin, Noradrenalin und Endorphine werden ausgeschüttet und sorgen für Glücksmomente, das braune Fettgewebe wird aktiviert und verbrennt aktiv Kalorien, um das Blut zu erwärmen, es erneuert die Zellwände, kleine Entzündungen im Körper werden bekämpft. Das Eisbaden ist ein Teil meiner Habits geworden, weil es meinem Körper guttut. Allerdings verzichte ich nach dem Krafttraining darauf, weil es den Effekt des Muskelaufbaus stören könnte. Aber direkt morgens oder nach dem langen Ausdauerlauf hilft es mir außerordentlich gut – und ist ein weiterer Mosaikstein für ein gesundes und leistungsfähiges Leben.

Es gibt auch andere Werkzeuge. Viele Profis nutzen den freien Tag, um in sogenannte Regenerations-Boots zu steigen. Auch hier fördert die Kompression die Durchblutung und den Abtransport von Abbauprodukten über das Lymphsystem. Was hilft, ist willkommen, denn nur wer gut regeneriert, kann auch seine Leistungsfähigkeit hochhalten.

Mindset, Ernährung, Training und Regeneration – die vier Säulen für mehr Leistungsfähigkeit sollte jeder beachten. Je näher er ans Ideal kommt, umso mehr werden sein Körper und der Geist performen können.

Es gibt viele Profis und auch viele Hobbysportler, die es schaffen, den Grundlagen einer leistungsorientierten Lebensweise zu folgen. Und trotzdem wird es immer welche geben, die besser sind, die in ihrem Sport zur Elite gehören. Dafür gibt es Gründe, Es ist längst nicht nur Talent. Was den Unterschied zwischen professionellem Sportler und einem Champion ausmacht, versuchen wir in Teil 3 zu klären.

Teil 3
Der Weg zum Champion

Kapitel 1
Starting a Career

Die Eigenverantwortung als Profi

Ich war zwar schon einige Jahre als selbständiger Trainer tätig und hatte bei den Junghaien Erfahrungen sammeln können, aber als ich bei den Profis anfing, war ich doch überrascht. Ich ging mit viel Enthusiasmus an meine neue Aufgabe heran, weil ich dachte: Das ist die heile, perfekte Welt, hier herrschen optimale Bedingungen und jeder arbeitet immer zu hundert Prozent mit. Doch schon nach kurzer Zeit musste ich ungläubig feststellen, dass dem nicht so war. Auch wenn die Rahmenbedingungen perfekt waren – eine moderne Trainingshalle, Trainer, Physios, ausreichend Zeit –, hieß das noch lange nicht, dass jeder diese Rahmenbedingungen auch nutzte, um optimal zu trainieren.

Das ist wie beim Essen: Nur weil der Kühlschrank voller gesunder Sachen ist, lässt man noch lange nicht den Sahnepudding stehen. Der große Unterschied zwischen dem Nachwuchs- und dem Businesssport ist: In dem Moment, in dem ein Spieler einen Profivertrag unterschreibt, hat er eine viel größere Eigenverantwortung als davor. Die Trainer erwarten, dass man topfit und motiviert ist und sich anständig ernährt. Es ist Profigeschäft – da wird man für professionelle Arbeit bezahlt.

Gerade für junge Spieler ist das nicht immer einfach. Denn in der Jugend ist alles noch ganz anders. Ein Grund, warum unsere Athletiktrainer von ago.sport so gerne mit den Junghaien arbeiten, sind die klaren Regeln und Strukturen. Es gibt einen Trainer und viele Spieler, und der Trainer hat das Sagen. Es gibt feste Zeiten – Training, Video,

Kraft, Auslaufen und so weiter –, und die muss man einhalten. Wenn nicht, zieht es Konsequenzen nach sich. Das macht es auch für den Athletiktrainer einfacher, denn er kann autoritär agieren, während man bei den Stars einen anderen Ton anschlagen muss und einfühlsamer und aufmerksamer herangehen und die Spieler überzeugen und für sich einnehmen sollte.

Viele der Profis machen konzentriert mit, aber bei manchen merkt man schon, dass sie nicht immer bei der Sache sind oder auch mal eine Einheit eher lustlos und lasch absolvieren. Oder wie Philip Gogulla sagte: „Ich mach mein eigenes Ding." Damit musste ich lernen umzugehen. Das mussten aber auch die Spieler, die aus dem Nachwuchs gekommen waren. Schließlich muss man auch mit Freiheit und Eigenverantwortung umgehen können.

Da braucht es eine intrinsische Motivation, schließlich entscheidet allein der Spieler, wie hart er im Sommertraining arbeitet, wie ernst er jede noch so unwichtig scheinende Aufgabe umsetzt. In den Mannschaften gibt es oft drei Gruppen, die je nach Kader unterschiedlich stark besetzt sind. Die einen haben nicht so viel Lust auf Athletiktraining, setzen vielleicht auf andere Qualitäten wie Technik oder Spielübersicht. Dann gibt es die, die sprichwörtlich mit dem Messer zwischen den Zähnen in der Umkleide sitzen und bei denen man das Gefühl hat, dass sie den Kraftraum persönlich zerstören wollen. Und dazwischen gibt es die Unentschlossenen, die auf der einen Seite den Profi sehen, der sich gerade einen Kaffee eingeschenkt hat und erstmal seine Playlist sortiert, auf der anderen Seite aber auch die bis in die Haarspitzen motivierten Vorzeigeprofis sein können und sich dann je nach Tagesform entscheiden, zu welcher Kategorie sie heute gehören.

Die Frage ist: Welche Richtung schlägt der junge Spieler ein? Darauf kann ich als Trainer Einfluss nehmen, ich kann ihm den Weg zeigen, die richtige Entscheidung zu treffen. Es ist manchmal frustrierend, wenn man als Rookie Extraschichten schiebt und trotzdem kaum Eiszeit bekommt. Aber ich kann diesen Spielern helfen, indem ich ihnen vermittle, dass die Belohnung zwar nicht sofort kommt, aber dass sich diese Arbeit am Ende auszahlen wird. Dafür gibt es unendlich viele Beispiele, und ich werde nicht müde, sie ihnen zu erzählen. Es helfen aber auch individuelle Ziele, die man mit dem Spieler ausmacht und die er abseits von Einsatzminuten erreichen kann. Dadurch erlebt er kleinere Erfolgserlebnisse – wie mein Alltagssportler, der nach zwei Wochen ohne Schokoriegel zwar im Spiegel noch nicht viel sieht, aber auf der Waage merkt, dass er langsam Fortschritte macht.

Für den jungen Spieler wie für den Hobbysportler kann die Entwicklung in die eine oder andere Richtung gehen: Nimmt er die kleinen Fortschritte an? Gibt er weiter Gas? Bleiben die Schokoriegel im Supermarkt? Auch der Spieler ist nun auf sich und sein Umfeld gestellt. Sein Trainer erwartet Einstellung, Fitness, Leistungsbereitschaft. Deshalb ist ein System wichtig, in dem er sich weiterentwickeln kann.

Ich habe einige Spieler mit guten Voraussetzungen scheitern sehen, weil die Eigenmotivation nicht hoch genug war und sie hinter jenen zurückblieben, die immer bereit waren und ablieferten. Das System zieht sie nur eine Zeitlang mit, dann landen sie in unteren Ligen oder hören ganz auf. Es gibt aber auch jene, die bereit sind, sich zu quälen, sich zu verbessern und ihr Talent zu nutzen. Sie können es bis ganz nach oben schaffen.

Ich erinnere mich an eine Geschichte aus dem Trainingscamp der Kölner Haie. Die ersten beiden Wochen im August sind besonders intensiv. An vier Tagen trainieren wir doppelt, wobei die zweite Einheit ein Trainingsspiel ist. Hier können sich vor allem die jungen Spieler, die Spieler mit einer Förderlizenz oder auch Spieler aus unserer U20-Mannschaft zeigen, da wir zwei komplette Teams benötigen. Die ersten beiden Wochen waren vergangen und es kristallisierte sich heraus, welche der jungen Spieler besonders talentiert waren und vielleicht das Zeug zum Profi hatten.

Als das erste Vorbereitungsspiel anstand, hatte unser Coach beschlossen, ein paar jungen Spielern die Chance zu geben, mal reinzuschnuppern. Er suchte sie nach dem Training in der Kabine, sprach einen der Förderprofis an: „Hey, du bist heute Abend dabei, du machst dein erstes Spiel für uns!" Die Reaktion des Spielers überraschte alle. Nach kurzem Zögern sagte er: „Oh, das ist aber schlecht. Heute Abend kommt meine Freundin zu Besuch." Wir alle waren so verwundert und perplex, dass keiner wusste, was er sagen sollte. Auch der Trainer hatte Mühe, dass ihm nicht die Gesichtszüge entgleisten. Doch dann nickte er nur kurz und sagte: „Okay." Der Nachwuchsspieler wurde nicht noch einmal gefragt.

Der Weg ins Profigeschäft ist hart, der Karrierestart oft schwieriger, als man denkt. Denn im Tagesgeschäft bleibt den Trainern kaum Zeit, junge Spieler zu entwickeln. Je größer die Vorschusslorbeeren in der Jugend, desto schwieriger kann es für die Nachwuchsspieler manchmal werden. Deshalb halte ich es auch hier für entscheidend, dass schon früh das richtige Umfeld um den jungen Sportler herum aufgebaut wird.

Deutschlands Sturmhoffnung Youssoufa Moukoko

Seit einiger Zeit arbeite ich mit Youssoufa Moukoko zusammen, der Stürmer von Borussia Dortmund galt schon in der Jugend als die größte Sturmhoffnung des deutschen Fußballs. Der Deutsch-Kameruner spielte bereits im Alter von 14 Jahren für die U17 des BVB und die U16-Nationalmannschaft, er war mit 16 Jahren und einem Tag der jüngste Dortmunder Spieler in der Bundesliga und nur 17 Tage später in der Champions League. 2022 debütierte er in der deutschen A-Nationalmannschaft.

Weil er schon so lange in der Öffentlichkeit steht, vergisst man leicht, dass er im November 2023 erst 19 Jahre alt geworden ist – die Erwartungen und damit der Druck von Fans und Öffentlichkeit sind enorm. Zudem ist der Sprung vom Junioren- in den Profibereich riesengroß – gerade bei einem Spitzenklub wie Borussia Dortmund.

Im Juni 2023 haben wir uns über seinen Berater kennengelernt, wir haben beschlossen, es miteinander zu versuchen. Seitdem trainieren wir gemeinsam, und ich stehe täglich mit „Mouki" in Kontakt, um alles zu besprechen, was man verbessern kann.

Youssoufa lebte seit seinem Wechsel vom FC St. Pauli 2016 im Dortmunder Internat und schwärmt immer wieder von dieser Zeit, dem Zusammenhalt und den vielen Erlebnissen auf dem Campus der Borussia. Er war dort ein bisschen Klassensprecher, hatte Verantwortung übernommen und hat bis heute ein super Verhältnis zu allen Mitarbeitern. Das finde ich beeindruckend, aber ohnehin erlebe ich ihn als positiv und bescheiden – dieser Junge hebt nicht ab, da braucht man keine Sorge zu haben.

Moukoko verlässt sich bei seiner Entwicklung nicht nur auf sein Talent, er arbeitet mit mir auch intensiv daran, seine Athletik weiter zu verbessern. Obwohl er aus einer der besten Ausbildungsstätten des deutschen Fußballs kommt und schon lange in den Auswahlmannschaften des DFB für Furore sorgt, haben wir schnell bemerkt, dass es bei ihm auch noch körperlich Potenzial gab, das man wecken kann. Moukoko hat sich hohe Ziele gesetzt, die aber nicht unrealistisch sind, sondern einfach nur ehrgeizig, aber wie es die SMART-Formel fordert, auch erreichbar.

Dafür arbeitet er sehr diszipliniert, ist immer pünktlich, es gibt eine Trainingsverabredung, es wird nicht diskutiert, er ist bereit. Vielleicht hat das auch etwas mit seinem Glauben zu tun. Als Muslim betet Moukoko fünfmal am Tag, steht morgens um sechs zum Gebet auf – so viel Disziplin muss man als junger Mensch erst einmal haben, davor habe ich großen Respekt.

Youssoufa ist aber auch sehr wissbegierig. Seit einiger Zeit wohnt er in einer eigenen Wohnung und hat sich gleich vorgenommen, kochen zu lernen. Auch dabei hilft ihm sein guter Draht zu den Mitarbeitern: Nach dem Training zeigt ihm der BVB-Koch, wie man sich eine gesunde Mahlzeit zubereitet. Trotz seiner 19 Jahre hätte er natürlich das Geld, sich jede Mahlzeit liefern zu lassen. Viele Kids in seinem Alter tun das auch – aber er nicht. Für mich ein absolut positives Signal.

Wir haben bei den Einheiten eine gute Zeit, und unser Verhältnis ist freundschaftlich. Einmal habe ich Moukoko zu einem Spiel der

Kölner Haie eingeladen. Mouki hat es sichtlich Spaß gemacht, nach dem Abpfiff fragte er, ob er die Kabine besuchen dürfe. Er war willkommen, hatte viel Spaß mit den Eishockeyprofis und bekam sogar einen Schläger geschenkt. Ein tolles Erlebnis für alle.

Es wird schon deutlich: Youssoufa hat das richtige Mindset, um sein außergewöhnliches Talent zu entfalten. Das Modell der Superkompensation gilt oft auch für Karrieren, es geht nicht stetig bergauf, sondern in Wellen, und ich bin überzeugt, wenn Moukoko verletzungsfrei bleibt – ein bisschen Glück gehört halt in einer Sportlerkarriere auch immer dazu –, dass er eine großartige Zukunft vor sich haben wird.

Doch Geduld ist im kurzlebigen Multimillionen-Business Fußball bisweilen rar, das erfährt so mancher junge Spieler früher, als ihm lieb ist. Und trotzdem: Wissbegierig, fleißig, offen und leistungsorientiert – Mouki bringt all das Handwerkszeug mit, was es braucht, um aus einem talentierten Jugendlichen einen gestandenen, erfolgreichen Profi im Spitzenfußball zu machen.

Kapitel 2
Lernen von den Champions

An der Spitze wird die Luft dünn

Viele Sportlerkarrieren werden gestartet, immer wieder steigen neue Kometen auf, doch nicht selten verglühen sie viel zu schnell. Sich über Jahre auf absolutem Topniveau zu halten, verlangt einem Sportler enorm viel ab und erfordert ein absolut stabiles Mindset, unbändigen Ehrgeiz, viel Fleiß und auch etwas Glück, von schweren Verletzungen verschont zu bleiben. Auf diesem Niveau muss man dem permanenten Druck standhalten, das Feindbild der gegnerischen Fans zu sein. Auch und gerade im Mannschaftssport müssen diese Athleten bei all der internen und externen Konkurrenz immer wieder ihre Klasse unter Beweis zu stellen, das verlangt schon außergewöhnliche Qualitäten.

Unter meinen Athleten gibt es zwei, die noch einmal herausstechen aus der Schar an ambitionierten, talentierten und erfolgreichen Sportler, die ich betreuen darf – weil sie nicht nur in Deutschland Maßstäbe setzen, sondern weltweit zu den absoluten Stars gehören, es sind Athleten für die ganz großen Momente.

Leon Draisaitl ist als Superstar der Edmonton Oilers seit Jahren erfolgreich und jagt dort seinem Traum vom Stanley Cup hinterher. Dennis Schröder hat nach Bronze bei der Heim-EM nun auch den Weltmeistertitel in der Tasche. Beide sind in ihren Sportarten eine Klasse für sich.

Auch bei ihnen wollen wir hinter die Kulissen blicken und schauen, was das Besondere ist, was sie ganz nach oben gebracht hat. Talent allein kann es nicht sein, denn das haben viele. Aber sie haben sich durchgesetzt. Nicht als One-Hit-Wonder in einer Saison, sondern Jahr für Jahr, immer wieder aufs Neue.

Was macht Schröder und Draisaitl zu Meistern ihres Sports? Eine Spurensuche.

Schröder: Kompromisslose Routinen und unbändiger Wille

Dennis Schröder als bester Spieler der Basketball-WM 2023: Ein Märchen, das einst in Braunschweig begann und im WM-Finale gegen Serbien in Manila seinen vorläufigen Höhepunkt fand. Schröder blickt auf eine bewegte Karriere an der Seite von Superstars wie LeBron James oder Anthony Davis zurück. Vor allem von LeBron habe er gelernt, wie wichtig Professionalität sei, sagte er in einem Interview vor dem Turnier.

Ich arbeite seit einigen Jahren mit ihm zusammen, schreibe seine Trainingspläne und kann das nur bestätigen. Dennis zieht sein Programm kompromisslos durch, vor allem am Spieltag. Er liebt es, als Erster in der Halle zu sein. Dann beginnt er mit seiner Aufwärmroutine, dehnt sich, lässt sich stretchen, macht seine Kraftübungen. Bevor er nochmal unter die Dusche springt und sich eincremt, lässt Dennis Schröder sich noch einmal kurz vom Physio behandeln. Dabei hört er laute Musik und fokussiert sich immer mehr auf das bevorstehende Spiel. Sobald aber der Ball im Spiel ist, gibt es für ihn nur noch ein Ziel: Er will gewinnen.

Vor der Heim-EM gab es eine Szene, die mir deswegen im Gedächtnis geblieben ist. Er hatte damals Probleme mit seinem umgeknickten Knöchel, wegen dem wir auch bei Dr. Hans-Wilhelm Müller-Wohlfahrt waren. Dennis wollte sich trotzdem pushen, um ein gutes Testspiel zu haben, er wollte Selbstvertrauen tanken, um in den richtigen Rhythmus für die Europameisterschaft zu kommen, schließlich war er der Leader und sollte die Mannschaft durch das Turnier führen.

Fünf Minuten vor Spielbeginn kam er zu mir. „Hey Arne, ich glaube, ich mache heute 40 Punkte", flüsterte er. 40 Punkte macht ein Spieler selten in einem Spiel. Und in der ersten Halbzeit lief nicht viel zusammen, Dennis stand bei 15 Punkten, keiner war zufrieden, am allerwenigsten er selbst. Ich schaute ihn an und sagte: „Dennis, hey, du musst weitermachen. Push dich!"

Schröder tat mehr als das. Er spielte eine unglaubliche zweite Halbzeit und kam am Ende auf 39 Punkte. Während die anderen jubelten, sah er mich an und fluchte: „Fuck! Ich habe es verpasst." Ich musste lachen, doch die Szene beschreibt Dennis sehr gut: Er hätte sich zurücklehnen können, es war Vorbereitung, er hatte sein Team zum Sieg geführt, alles war gut. Doch Dennis hatte sich eine Messlatte gelegt und sie gerissen. So ist er nun mal: Immer ein bisschen mehr, stets extrem ehrgeizig und motiviert.

Es gibt noch zwei schöne Beispiele für diese Charaktereigenschaft. Eines ereignete sich bei der Heim-Europameisterschaft, wir hatten das letzte Gruppenspiel, und die Überlegung aus dem Trainerteam war, Dennis von der Bank zu bringen, um ihn ein wenig zu schonen. Doch der erhob Einspruch: „Wenn ich spiele, dann ganz – oder gar nicht. Halb gibt es für mich nicht." Die Trainer zuckten nur mit den Schultern – und ließen ihn spielen.

Halb gibt es übrigens auch nicht im Training. Wenn Dennis in der Halle ist, herrscht ein ganz anderer Geist. Beim Trainingsspiel ist es üblich, dass einer der Co-Trainer als Schiedsrichter agiert. Freiwillige gibt es da selten, denn wenn man gegen Dennis entscheiden muss, kann es schon mal kontrovers werden. Er will immer gewinnen und macht auch deutlich, wenn ihm eine Entscheidung missfällt. Einen Tag vor dem WM-Halbfinale beobachtete Ex-Nationalspieler Per Günther unser Teamtraining. Er staunte nicht schlecht: Dennis flog durch die Halle, hechtete nach jedem Ball. Er kam in Rage, drehte auf und zeigte dort jenen Siegeswillen, den er dann auch im Halbfinale aufs Parkett brachte.

Diese Wettkampflust, dieser Siegeswille, das hat Dennis Schröder schon immer von anderen Talenten seines Alters unterschieden. Das ist dieser Löwe, den Bundestrainer Gordon Herbert brauchte, damit er Deutschland zum WM-Titel führen konnte, den der Coach ein wenig zähmen musste, aber der weiter brüllen durfte, brüllen sollte – um den Gegner zu bezwingen. Schröder war, wie seine Entdecker immer wieder berichtet haben, bereits als Jugendlicher extrem schnell auf den Beinen und hat das in seinen ersten Profijahren weiter ausgebaut, aber es war auch dieser Wille, der ihn von vielen anderen Alterskollegen abhob. Schröder war der jüngste Spieler bei einem deutschen Allstar-Game und wurde 2013 beim NBA-Draft von den Atlanta Hawks an 17. Stelle ausgewählt. Es war der Start in eine Bilderbuchkarriere.

Wie Dennis Schröder sich motiviert

Bei einer unserer Trainingseinheiten im Sommer in Braunschweig habe ich ihn einmal darauf angesprochen. „Sag mal, Dennis, was treibt dich an? Was motiviert dich, den nächsten Klimmzug zu machen, obwohl du scheinbar nicht mehr kannst?" Schröder überlegte und gestand: „Das ist gar nicht so einfach: Ich stelle mir oft vor, dass etwas Schlimmes passiert, wenn ich es nicht schaffe. Das gibt mir dann den zusätzlichen Schub, mich über die Grenze zu pushen."

Schröder sorgt sich sehr um seine große Familie und möchte sie beschützen und für sie da sein; seinen verstorbenen Vater stolz zu machen, ist ein weiterer Grund für seine intrinsische Motivation. Dennis verlor seinen Vater, als er 15 Jahre alt war, und seitdem sorgt er sich darum, dass es seiner Familie, seiner Mutter, seinen Geschwistern und später seiner Frau und seinen mittlerweile drei Kindern gut geht. Diese Verantwortung ist für Schröder Motivation genug, immer wieder über sich hinauszuwachsen – ob im Training oder im Spiel.

Aber es gibt noch einen weiteren Grund, der für Dennis wichtig ist. Zehn Jahre spielte er in der NBA und stellte sich trotzdem immer wieder im Sommer in den Dienst der Nationalmannschaft. Doch den Respekt, den er verdient hätte, bekam er in Deutschland nie. Bis er auf Gordon Herbert traf. Die Geschichte bei der Weltmeisterschaft wurde in diesem Buch schon erzählt. Der Bundestrainer verstand es vielleicht wie kein anderer, Schröders Talent, Temperament und Leidenschaft für sein Team zu nutzen. „Meine beste Entscheidung war, Dennis von Anfang an zum Kapitän zu machen", sagte Herbert in einer sehenswerten NDR-Dokumentation über Schröder. „Er kann nicht nur gut Basketball spielen, sondern auch ein Team führen, Dinge kreieren, die ganze Mannschaft besser machen."

Schröder und die Braunschweiger Parade

Damit hat sich Schröder den Respekt verdient, der ihm nun endlich entgegengebracht wird. Er wurde Mann des Jahres, ganz Braunschweig ist stolz auf ihn, er ist das Aushängeschild der Stadt. Auf der Rückreise von der Weltmeisterschaft sagte Schröder, er brauche nach den Feierlichkeiten den WM-Pokal. Wieso den Pokal? „Ich mache zu Hause eine Parade." Wir lächelten und dachten, da kommen vielleicht ein paar hundert Leute. Doch alle irrten sich: Dennis' Auftritt löste in Braunschweig und Umgebung ein Verkehrschaos aus, gefühlt war die ganze Stadt auf den Beinen, und als Krönung durfte sich der NBA-Star ins Goldene Buch eintragen.

Endlich wurde gewürdigt, wie sehr er sich mit seiner Heimat, seinem Land identifiziert. Nicht nur das Braunschweiger Wappen und die Postleitzahl hat er sich auf den Körper tätowieren lassen, sondern auch seine NBA-Clubs und das DBB-Logo. Die olympischen Ringe werden sicher dazukommen, viele sehen in ihm einen Kandidaten, als zweiter Basketballer nach Dirk Nowitzki als deutscher Fahnenträger in Paris einzulaufen. Wenn Dennis Schröder für etwas einsteht, dann buchstäblich mit Haut und Haaren, zu hundert Prozent. Dennis kann polarisieren und anecken – aber ich kenne wahrscheinlich niemanden, der so viel arbeitet, so motiviert ist, das Herz so sehr am rechten Fleck hat wie er. Und so hat er sich in Manila selbst belohnt und zum wertvollsten Spieler des Turniers entwickelt, zum MVP der WM 2023!

Leon Draisaitl: In Köln zuhause, in Kanada ein Superstar

Leon Draisaitl schaffte es im vergangenen Sommer nicht zur Weltmeisterschaft. Der Eishockeyprofi winkte im Mai ab, als ihn der Deutsche Eishockey-Bund nach dem Playoff-Aus mit den Oilers zur WM einfliegen wollte. Die Belastung nach der langen Saison war einfach zu groß, die NHL spielt wie kaum eine andere Liga der Welt in einem Rhythmus, der Profis alles abverlangt.

Ich bewege mich seit meiner Zeit bei den Junghaien intensiv in der Eishockeywelt, und gerade aus Kölner Sicht ist und bleibt Leon Draisaitl ein schier unglaubliches Phänomen. Würde man seinen Status auf den Fußball übertragen, müsste man Vergleiche mit Erling Haaland, Kylian Mbappé oder Harry Kane ziehen – auf dem Eis gehört er auf jeden Fall zu den Top 10 der Welt.

Dabei ist er ein echter Kölsche Jung! Der am Rhein geborene Leon spielte bis zu seinem 15. Lebensjahr bei den Junghaien, wechselte dann nach Mannheim, wo seine ohnehin schon guten Leistungen noch einmal explodierten. Es folgte der Wechsel nach Nordamerika, wo er es über die High School bis in die NHL schaffte. Inzwischen ist Leon als Stürmer der Edmonton Oilers regelmäßig unter den Top-5-Scorern der Liga, wurde zum MVP der Meisterrunde gewählt, war auch schon Sportler des Jahres in Deutschland und arbeitet stetig daran, einmal den Stanley Cup zu gewinnen.

Während er in seiner Heimatstadt Köln wohl nur von Eishockeyfans erkannt wird, ist er in Kanada ein absoluter Superstar. Geht er durch Edmonton, ist es so, als würde Weltmeister Manuel Neuer in München über die Maximilianstraße flanieren.

Den Bezug zu seiner Heimat hat Leon, dessen Vater Peter Draisaitl ebenfalls eine deutsche Eishockeylegende ist und in Köln spielte und trainierte, nie verloren. Mit seinen ehemaligen Teamkollegen Hannibal Weitzmann, Marvin Cüpper, Freddie und Dominik Tiffels ist er immer noch befreundet und kommt seit vielen Jahren im Sommer zum Training hierher.

Jedes Jahr aufs Neue: Draisaitls enorme Herausforderung

Wir haben uns über diese Connection kennengelernt, er war öfter bei uns im Sommertraining, und irgendwann beschlossen wir, auch individuell zusammenzuarbeiten. Die Belastungen in der NHL sind gewaltig: Wenn wir im deutschen Eishockey schon viele Spiele haben, sind es in Nordamerika noch viel mehr. Je nachdem, wie weit die Playoffs gehen, haben die Profis über 100 Spiele in einer Saison – in einem halben Jahr!

Das ist eine enorme Herausforderung, alle zwei, drei Tage bereit zu sein und nicht nur seinen Job zu machen – er ist derjenige, auf den alle schauen, der Leistung bringen, Tore schießen, Spiele gewinnen muss. Für diese Rolle muss man geboren sein, und Leon bringt da schon eine krasse Einstellung mit.

Mich hat immer beeindruckt, dass er genau weiß, wann er anfangen und wie viel er tun muss, um pünktlich zum Saisonstart in Topform zu sein. Wenn die Serie zu Ende ist, genießt er es auch gerne mal eine Weile und macht nichts, aber ich habe beobachtet, dass er in den letzten Jahren immer früher wieder angefangen hat, sich in Form zu bringen – weil er natürlich auch merkt, dass er die Messlatte von Jahr zu Jahr höher gelegt hat und es immer schwieriger wird, sie nicht zu reißen.

Nach den Pausen beginnt er, sich wieder um seine Ernährung zu kümmern, das Training zu intensivieren, sich zu erholen und so weiter. Leon ist ein Typ, der am liebsten gleich morgens loslegt, am besten noch vor dem Frühstück. Und er macht alles mit, ohne zu diskutieren.

Und dann geht er auch gerne aufs Eis. Wenn er im Sommer in Köln ist, nimmt er öfters am Training der Haie teil. Da sind natürlich auch jüngere Spieler dabei, Junghaie oder Probespieler aus der zweiten Liga – und die spielen dann mit einem Megastar ihres Sports. Draisaitl hat damit überhaupt kein Problem, im Gegenteil, er findet es super, wenn der eine oder andere Pass mal in die Schlittschuhe statt auf den Schläger kommt. Für ihn ist das Training: „Den Puck muss ich verarbeiten, das ist gar nicht so einfach, das macht mich am Ende besser."

Eine große Stärke von Leon ist, dass er so gut wie nie zwei schlechte Spiele hintereinander macht. „Never too high, never too low." Diesen Leitsatz hat er verinnerlicht. Er führt seine Mannschaft als Allererstes über Leistung und Einstellung. Das sagen auch viele Kollegen über ihn: Wenn er in einem Spiel nicht so gut ist, kann man die Uhr danach stellen, dass er im nächsten wieder stark spielt, Tore schießt und Vorlagen gibt. Der Antrieb ist von Natur aus da, er ist sein härtester Kritiker, er liebt seinen Sport, und er will ganz nach oben.

Nico Sturm – mit Routinen von ganz unten nach ganz oben

Noch ein gutes Beispiel für einen deutschen Champion, der es mit unfassbarem Ehrgeiz, Willen und Stetigkeit bis an die Spitze gebracht hat, ist Nico Sturm. Der gebürtige Augsburger hat eine der erstaunlichsten Karrieren hingelegt, die ich aus dem Eishockey kenne. Nico bekam weder hier in Deutschland noch zu Beginn in Nordamerika sportlich ein Bein auf den Boden, biss sich aber am College durch, wurde dann ungedraftet von den Minnesota Wild verpflichtet und 2022 an die Colorado Avalanche getradet, mit denen er prompt den Stanley Cup gewann. Inzwischen spielt er bei den San Jose Sharks. Sein Länderspieldebüt für Deutschland gab er erst in der Vorbereitung zur WM 2023, prompt gewann er die Silbermedaille.

Ich hatte schon viele disziplinierte Spieler erlebt, aber Nico war noch einmal eine Steigerung. Sobald er die Kabine betrat, konnte man jeden Schritt vorhersehen. Wann er trank, wie er sich aufwärmte, wann er sich anzog – alles war minutiös geplant. Auch sein Recovery-Programm war immer dasselbe. Als wir völlig überraschend das Team USA im Halbfinale besiegten, ging in der Kabine die Party ab, alle waren euphorisch und stolz auf diese Sensation. Doch plötzlich stand unser Medienmann neben mir: „Ich brauche Nico. Ich finde ihn nicht. Weißt du, wo er ist?“ Ich schaute mich um. Sturm war tatsächlich nicht da. Da kam mir ein Gedanke. „Du weißt doch, wo hinten der Fitnessraum ist? Ich würde ziemlich viel Geld darauf verwetten, dass er da ist.“ Wir fanden Nico Sturm genau dort, er machte gerade sein Stretching-Programm – auch der größte Sieg seiner Länderspielkarriere brachte ihn da nicht von seinem Weg ab.

Routinen machen Champions. Das gilt für Sturm. Oder für Rafael Nadal, der auch nach einem Grand-Slam-Sieg sich in der Kabine auf das Spinning Bike setzt. Oder eben für Dennis und Leon, die in vielen Dingen unterschiedlicher nicht sein könnten und doch vieles gemeinsam haben: Leidenschaft, Siegeswillen, Talent, Opferbereitschaft, Teamgeist. All das macht sie zu Vorbildern, von denen sich nicht nur der Nachwuchs eine Menge abschauen kann.

Auch sie haben klare Routinen entwickelt, um sich in der gnadenlos durchkommerzialisierten Welt des US-Sports zu behaupten. Sie wissen, dass Konsistenz der Schlüssel zum Erfolg ist. Wer in einer Liga voller Topstars oder bei einer Weltmeisterschaft eine Ausnahmeerscheinung sein will, der muss vor allen Dingen eins tun: härter trainieren als die anderen, eine außerordentliche Disziplin in nahezu allen Dingen des Lebens an den Tag legen, den Ehrgeiz haben, mehr erreichen zu wollen als die anderen. Echte Highperformer halt.

Auf Instagram & Co. werden immer wieder Clips der amerikanischen Superstars gezeigt, von Michael Phelps über Kobe Bryant bis zu Tom Brady, die alle genau das immer wieder predigen. Fast wie durch die Kalendersprüche auf der Kühlschranktür bekommt man dort diese Lehren, Tipps und Motivationsgeschichten. Aber ich erlebe es immer wieder: Das ist die reine Wahrheit. Diese Typen, die auf diesem Level performen und den Erfolg haben, tun genau das. Mehr als alle anderen. Jeden Tag, kontinuierlich, mit allen Entbehrungen, die der Sport mit sich bringt.

Wir sehen oft die Blitzlichtwelt, wenn der Athlet beim Spiel etwas Herausragendes macht und danach im Interview ruhig und selbstbewusst sagt, dass es nur das Resultat der harten Arbeit der gesamten

Mannschaft ist. Das ist richtig – aber vor allem auch die Arbeit der Leader, der herausragenden Persönlichkeiten. Wenn diese Typen am härtesten arbeiten, dann zieht das alle in der Mannschaft, dem Verein oder der Organisation mit.

Schröder und Draisaitl genießen den Weg, egal ob es für den einen seit Jahren in Edmonton ist oder für den anderen gestern in Los Angeles, dann in Toronto und später in Brooklyn. Beide sind – das kann ich aus vielen, vielen Sessions bestätigen – unglaublich diszipliniert und leistungsbereit in jeder einzelnen Trainingseinheit. Sie haben es geschafft, den Weg zu genießen, nicht den einen Moment. Und das macht sie zu echten Champions.

Die Schlüssel-Komponenten eines Champions:

- *Consistency is the key – Stumpf ist Trumpf: Sportliche Größe resultiert immer aus Übung, Übung, Übung. Herausragende Moves sind im Training erarbeitet.*
- *Mentale Stärke: Ein Mindset, das dich auch bei Siegen und Niederlagen nicht aus der Bahn wirft, und das hilft, im entscheidenden Moment den vollen Fokus zu haben.*
- *Absoluter Wille: Die Gier nach dem Sieg als Antrieb, der Wille, alles dafür zu tun, im Alltag, im Training und im Wettkampf, um am Ende als Sieger vom Platz zu gehen.*
- *Bereitschaft zu harter Arbeit: „Hard work pays off" ist nicht ohne Grund ein Tattoo auf Dennis Schröders Brust.*

Kapitel 3
Alter ist nur eine Zahl

Ehrhoffs doppelte Rückkehr

Eine der herausragendsten Sportlerpersönlichkeiten, mit denen ich in meiner Karriere zusammenarbeiten durfte, ist sicher Christian Ehrhoff. Meine erste Begegnung mit ihm fand an einem Montag statt. Das ist traditionell der freie Tag für die Eishockeyspieler, da wir gewöhnlich am Freitag und Sonntag spielten und die Profis am Anfang der Woche regenerieren konnten.

Ich fuhr aber trotzdem zum Trainingszentrum der Kölner Haie, weil wir ein paar verletzte Spieler hatten. Und ich staunte nicht schlecht, denn da stand ein schwarzer Aston Martin DBS vor der Tür, der Wagen, in dem auch schon James Bond die Welt gerettet hatte. Das Nummernschild: KR-CE 10.

Mir war gleich klar, dass das mit dem Krefelder Kennzeichen nur Christian Ehrhoff sein konnte, um den damals nach seiner NHL-Karriere nicht nur die Haie buhlten. Passend zum Auto hatte Christian einen dunklen Anzug an, die Haare lagen ordentlich, und die Presse wartete auf ein paar Statements. Der Auftritt eines Superstars – anders konnte man das nicht nennen. Und er war nun in unserem Team!

Wenn man seine Karrierestatistiken anschaute, seine Errungenschaften und seine 862 Spiele in der NHL, die Silbermedaille bei Olympia und den Meistertitel mit Krefeld, dann wurde einem bewusst, was für eine Eishockeykoryphäe einem da gegenüberstand. Vorfreude und Erwartungen in Köln waren riesig.

Wer allerdings angesichts des stilvollen Auftritts in der englischen Nobelkarosse Starallüren in der Kabine erwartete, der sah sich schnell getäuscht. Ehrhoff ist ein freundlicher und bodenständiger Mensch. Er stellte sich bei jedem persönlich vor und fragte sich durch, wo er Platz nehmen konnte und wie die Abläufe waren. Starallüren waren ihm fremd. Er wollte keine Extrawürste, auch nicht im Athletikbereich, sodass wir schnell Routinen aufgebaut hatten. So sprachen wir über das Warm-up, und trotz all seiner Erfahrung nahm er meine Ratschläge an. Alles war absolut professionell bei ihm.

Wenn er an einem Dienstag kam und seine Dinge erledigte, sein Zeug richtete und seine Übungen absolvierte, dann konnte man sehr, sehr viel Geld darauf verwetten, dass es am nächsten Dienstag auf die Minute genauso geschah – er wollte in seinen Routinen bleiben, und das war eine der größten Lehren, die ich aus der Zusammenarbeit mit ihm zog.

Ein Credo von „CE10" lautete: „Du musst nicht in einem Ding 100 Prozent besser sein als dein Gegner, sondern in 100 Dingen ein Prozent als dein Gegenspieler oder die andere Mannschaft." Ehrhoff versuchte diese Dinge zu perfektionieren, auch zu Hause in Krefeld. Dort hatte er sich hochprofessionell eingerichtet, mit einem tollen Kraftraum mit allen Tools und einer Kunststoffeisanlage, wo er auf Schlittschuhen mit dem Puck aufs Tor schießen konnte. In seinem Spa-Bereich konnte er perfekt regenerieren. Ein Profi vom Scheitel bis zur Sohle.

Seine DEL-Rückkehr begann schmerzhaft. Wir spielten bei den Schwenninger Wild Wings, und Ehrhoff versuchte einem Gegner zu entwischen, fuhr eine Finte nach links, eine nach rechts – und wurde unsanft über den Haufen gefahren. Noch auf dem Eis stellte er augenzwinkernd fest: „Ich glaube, ich muss mich anpassen – eine Finte reicht hier aus." Das war gar nicht arrogant gemeint, sondern er hatte die Situation einfach nur messerscharf analysiert.

Nach 13 Jahren bei namhaften NHL-Clubs wie den San Jose Sharks, den Vancouver Canucks, den Buffalo Sabres, den Pittsburgh Penguins, den L.A. Kings und den Chicago Blackhawks setzte Ehrhoff also nun noch einmal mit dem KEC in der DEL Akzente – und hatte auch die Möglichkeit, ein weiteres Mal im Nationalteam fokussiert anzugreifen.

Das gelang ihm auf phänomenale Art und Weise: 2018 gewann die deutsche Mannschaft sensationell die olympische Silbermedaille, schrammte in der Overtime gegen Russland nur knapp am Goldtraum vorbei. Ehrhoff, der in seiner Laufbahn 118 Länderspiele bestritt, bekam den verdienten Lohn nicht nur mit dem Edelmetall, er war bei der Abschlussfeier sogar Fahnenträger der deutschen Equipe.

Danach spürte man, dass es für den damals 36-Jährigen in Ordnung war, die Kufen an den Nagel zu hängen. Ehrhoff erklärte im Sommer 2018 seinen Rücktritt vom Profisport. Christian gab sich in der Folge anderen Dingen hin, probierte sich in TV-Formaten aus, baute eine Immobilienfirma und ein Reha-Zentrum auf.

Ehrhoffs verrücktes Comeback

Nebenbei hielt er sich fit, auch mal bei mir im Training, mir schien es, als wäre er mit sich im Reinen. Bis eines Tages mein Telefon klingelte. Ich war im Haie-Trainingszentrum, als Ehrhoff anrief. Es war während der Playoffs. „Hey Arne, wir müssen mal sprechen. Aber nur, wenn keiner zuhört." Wir verabredeten uns für kurze Zeit später.

Dann erzählte er mir von seinem Plan. „Ich habe das Gefühl, es fehlt noch etwas. Ich bin damals mit den Krefeld Pinguins Deutscher Meister geworden, das ist mein Heimatverein. Ich habe das Gefühl, hier sollte ich meine Karriere beenden. Ich denke drüber nach, noch einmal für den KEV zu spielen." Das Krefelder Team spielte inzwischen in der Zweiten Liga. Christian hatte ein paar Spiele der Playoffs besucht, bei den Heimspielen sei die Halle ausverkauft gewesen. „Die Stimmung war brutal gut, das hat großen Spaß gemacht", erzählte Ehrhoff. Und offensichtlich war da ein Funke entzündet worden.

Ich war anfangs skeptisch. „Du hast doch alles erlebt. Ich will jetzt nicht den Bad Cop spielen, aber willst du wirklich sechs Stunden mit dem Bus nach Crimmitschau, Dresden oder Weißwasser, um Zweite Liga zu spielen und gleich nach der Partie wieder zurückzufahren?" Ehrhoff ließ sich nicht beirren. Das sei ihm alles bewusst, entgegnete er. Ich stocherte weiter: „Aber was ist denn da sportlich für dich zu holen? Dir ist schon bewusst, dass du mit dem ‚CE10-Target' auf dem Rücken da rumläufst und jeder dir zeigen will, dass es ein Fehler war, als alter Mann nochmal in diese Liga zurückzukehren." Das war es offenbar. „Das ist doch mein ganzes Leben so gewesen, das ist kein Problem", sagte Ehrhoff.

Blieb noch ein Punkt. „Wenn du das wirklich angehst, solltest du in Topform sein", sagte ich. Ehrhoff konterte: „Deshalb rufe ich ja an. Kriegen wir das hin?" Da konnte ich nicht nein sagen. „Wenn einer das hinkriegt, dann du mit deiner Einstellung und deinem Trainingsfleiß." Nach einer Woche überschlugen sich die Eishockey-Zeitschriften – Ehrhoff hatte in Krefeld unterschrieben. Wir legten sofort mit der Arbeit los, er arbeitete noch vor dem Sommertrainingscamp und kam in einer Topverfassung bei den Pinguinen an.

Was das zeigt: Wer sein Leben nach dem Sport ausrichtet, wer sich absolut professionell gibt, der kann auch im hohen Sportleralter noch Leistung zeigen und konkurrenzfähig sein. „Age is just a number" – für so einen Ausnahmeathleten wie Christian Ehrhoff gilt das unbedingt. Er lebt dieses Comeback, hat Spaß, ist in einer Topverfassung und spielt gut.

Simon Terodde – mit Disziplin auf Topniveau

Dass Alter nur eine Zahl ist, zeigt auch das Topniveau, auf dem sich Simon Terodde nun nach fast anderthalb Jahrzehnten im Profifußball und im schon fortgeschrittenen Alter von 36 Jahren bewegt. Wir lernten uns kurz nach seiner Rückkehr zum 1. FC Köln kennen. Im Januar 2018 verpflichtete der FC als Tabellenschlusslicht den Angreifer des VfB Stuttgart mit Blick auf die kommende Zweitliga-Saison. Terodde sollte – wie schon so oft in seiner Karriere – einem ambitionierten Club zur Bundesliga-Rückkehr verhelfen.

Wir arbeiteten erst sporadisch zusammen, kamen aber immer besser in Tritt. Simon hatte wohl selbst gespürt, wie gut ihm die zusätzliche Arbeit tat. Denn: Das Wichtigste für einen Fußballer (und für seinen Verein) ist erst einmal, Verfügbarkeit zu schaffen. Heißt konkret: dafür zu sorgen, dass ein Spieler möglichst verletzungsfrei durch die Saison kommt und auf dem Platz stehen kann. Das gilt wahrscheinlich gerade für einen Spieler wie Simon, der von seinem Torinstinkt lebt.

Simon hat über die Jahre gemerkt, dass es ihn sehr weit nach vorne bringt, stets fit, gesund und verletzungsfrei zu sein. Also hat auch er sich eine Struktur aufgebaut. Wir haben ihm geholfen, zu Hause einen Fitnessraum einzurichten mit Fahrrad, ein paar Hanteln und allem, was man sonst noch für ein anständiges Regenerationsprogramm nach den Spielen oder ein Krafttraining unter der Woche braucht. Aus dem sporadischen Training bei ago.sport wurde eine Regelmäßigkeit, zudem hat er, egal, wo er spielt, inzwischen in Köln einen Physiotherapeuten, der ihn kennt und einmal die Woche nach ihm schaut.

Während unserer Zusammenarbeit konnte ich miterleben, wie er in einer beeindruckenden Stetigkeit seine Leistung ablieferte und Rekorde sammelte. Er schoss den FC zurück in die Bundesliga und wiederholte damit das Kunststück, das ihm bereits mit dem VfB Stuttgart gelungen war. In über 300 Zweitliga-Spielen erzielte Terodde fast 200 Tore, dazu kommen noch 15 Tore in 90 Bundesliga-Spielen. Fünfmal war er Torschützenkönig der Zweiten Liga, dreimal feierte er im Unterhaus die Meisterschaft, eine irre Bilanz. Und seinen Torriecher verliert man nicht. Das bewies Terodde auch beim Hamburger SV und dem FC Schalke 04.

Im Fußball ist es allerdings leider immer noch so, dass die Vereine schon nervös werden, wenn ein Spieler 32 oder 33 Jahre alt ist. Aber man sieht an Spielern wie Cristiano Ronaldo, dass das veraltete Denkmuster sind. Beide haben sich während ihrer Karriere nie nur auf das Angebot ihres Vereins verlassen, sondern sich ein perfektes Umfeld mit professionellen Betreuern aufgestellt. Ronaldo beispielsweise arbeitet schon lange mit einem Schlafcoach zusammen, richtet seinen Tagesablauf an den bereits im Buch besprochenen 90-Minuten-Zyklen aus und legt eineinhalb Stunden vor seinen fünf Schlafzyklen das Handy zur Seite – wegen der Blaulichtstrahlen. Zudem soll er bis heute unfassbar diszipliniert bei der Arbeit im Kraftraum sein.

Das gilt genauso für Zlatan Ibrahimović, der im Sommer 2023 mit 41 Jahren seine Karriere beendete. Der Verschleiß war doch da – aber an seiner körperlichen Fitness lag es sicherlich nicht. Ibrahimović schwamm, radelte, betrieb Kickboxen und Boxen auf einem erstaunlichen Niveau und hielt sich auch im Kraftraum mit teilweise imponierenden Übungen fit. Wen es interessiert, der wird auf seiner Instagram-Seite sicher fündig.

Es ist auch so, dass gerade in puncto Ausdauer nichts dagegenspricht, dass Sportler, wenn sie von schweren Verletzungen verschont bleiben, lange Leistung bringen können: Triathleten wie Jan Frodeno haben ihre besten Werte mit weit über 30, viele Mitteldistanzathleten in der Leichtathletik steigen genau aus diesem Grund in fortgeschrittenem Alter auf die längeren Distanzen um. Arjen Robben spielte bis zum Alter von 37 Jahren auf einem Topniveau Fußball, zwei Jahre später absolvierte der einstige Flügelflitzer einen Marathon in weniger als drei Stunden.

Sicher kann man die Frage stellen, ob die Schnelligkeit bei Fußballern über 30 Jahren nicht so langsam leidet, aber Spieler wie Mats Hummels oder eben Simon Terodde zeigen Woche für Woche, dass es nicht auf allen Positionen auf dem Feld darauf ankommt, wie schnell man ist. Da kann man viel über die Erfahrung wettmachen, um erfolgreich zu sein. Diese Spieler wissen, wann sie wo zu stehen haben.

Oft sind sie bereit, alles dafür zu tun, um möglichst lange leistungsfähig zu bleiben. So hat Simon alles auf den Kopf gestellt. Er hat sich intensiv mit Ernährung beschäftigt, Zucker und Gluten aus dem Essen gestrichen, bewusst Kohlenhydrate als Energieträger eingesetzt und so weiter – also seinen ohnehin schon professionellen Lebensstil noch einmal bewusster gestaltet. In den fünf Jahren, in denen wir zusammenarbeiten, ist Terodde leaner, stärker, kräftiger geworden, sieht vital aus. Er ist ein toller Athlet, der ohne Weiteres noch eine ganze Reihe an Jahren weiterspielen könnte.

Moritz Müller – über 1000 Spiele in der DEL

Eine weitere wirkliche Eishockeylegende begleite ich als Athletiktrainer ebenfalls schon mit am längsten von allen: Moritz Müller hat die DEL und die Nationalmannschaft im letzten Jahrzehnt geprägt wie kaum ein anderer. „Alles erarbeitet. Nicht geschenkt", war der Untertitel der Dokumentation zu seinem 1000. Spiel in der deutschen Eliteliga. Er trifft den Nagel auf den Kopf. Denn er ist eine absolute Persönlichkeit, ein toller Mensch, ein Leader, ein Anführer.

Mo hat sich in den letzten Jahren dabei auch persönlich entwickelt – und er hat nirgendwo wirklich nachgelassen. Er ist auch mit 36 Jahren absolut professionell. Das begleitet ihn schon von Anbeginn seiner Karriere, als er für eine Woche zur Probe bei den Haien war, nur Geld für zehn Tage in der Jugendherberge hatte und er jede Sekunde, jedes Training perfekt machen wollte, um sich seinen Traum in Köln zu erfüllen – und schließlich vom damaligen Trainer Hans Zach mit einer Junghaie-Förderlizenz belohnt wurde.

Moritz Müller hat früh seine Mutter verloren, und da sehe ich Parallelen zu Dennis Schröder, der es ebenfalls allen, aber vor allem auch dem verstorbenen Vater beweisen wollte. Bei Mo ist es so, dass er sich intensiv mit seiner Leistung beschäftigt, aber auch mit der der Mannschaft, für die er sich verantwortlich fühlt. Er lebt das Kapitänsdasein wie kaum ein anderer.

Aber es sind auch diese Zweifel, die ihn besonders machen. Wenn wir in der Lanxess Arena sind, wärmen wir uns in den Umläufen auf. Da baue ich dann meine Hütchen fürs Warm-up auf. Und er kommt oft zu mir, steht neben mir und fragt: „Sag mal, Arne, im letzten Spiel war ich nicht so gut, oder? Der eine Fehlpass da im zweiten Drittel … Was meinst du?" Da muss ich mich immer kurz kneifen, dass da dieser DEB- und DEL-Star, der Silbermedaillengewinner bei den Olympischen Spielen von Pyeongchang, der Vize-Weltmeister von Tampere von mir nach über 1000 Spielen Kritik hören will. Da wirkt er so selbstkritisch, dass man selbst denkt: „Alter, das hast du doch gar nicht nötig. Du bist hier der Rekordspieler, dir kann keiner was."

Aber es zeigt, dass er immer noch jede Kleinigkeit optimieren will und nach dem perfekten Spiel sucht. Mo würde mit dem Gesicht voran in den Puck laufen, wenn es der Mannschaft hilft. Aber er hat auch eine intensive Körperlichkeit und weiß genau, wie es um ihn steht. Wenn es zu Wochenbeginn zum Wiegen geht, sieht man schon, ob er selbstsicher auf die Waage geht – weil er schon ahnt, dass er ein paar Gramm mehr haben könnte als in der Woche zuvor. Das geht weiter bei der Warm-up-Routine, wie er den Sport lebt und wie er auch immer noch dem Traum einer Meisterschaft mit den Kölner Haien hinterherjagt, und dass das auch noch eine ganze Weile so bleiben wird.

Der Antrieb ist bei Sportlern wie Moritz Müller, Simon Terodde oder Christian Ehrhoff immer da, die Liebe zum Sport bedingt bei ihnen die absolute Professionalität im Training, in der Ernährung, in der Regeneration, das Mindset ist ohnehin leistungsorientiert und perfektioniert, sonst wären diese Athleten nie dahin gekommen, wo sie sind.

Was aber können wir von diesen Sportlern mitnehmen? In Zeiten, in denen die Lebenserwartung der Menschen immer weiter steigt – die Errungenschaften der modernen Medizin dürften durch die Künstliche Intelligenz noch einmal einen Schub bekommen –. ist „Longevity" ein großes Thema in der Gesundheitsbranche, das deutsche Wort „Langlebigkeit" kommt dem Begriff nur unzureichend nahe. Es geht darum, möglichst lange gesund und leistungsfähig zu bleiben, um bis ins hohe Alter hinein ein aktives und selbstbestimmtes Leben zu führen.

Genau das machen uns Terodde, Müller oder Ehrhoff vor. Die vier Säulen – ein regelmäßiges Training für Kraft, Beweglichkeit und das Herz-Kreislauf-System, ausreichend Regeneration, vor allen Dingen ein erholsamer Schlaf, eine gesunde Ernährung und ein positives Mindset – helfen ihnen, bis ins hohe Sportlcralter auf absolutem Toplevel Leistung zu bringen. Also müssen wir doch zu dem Schluss kommen, dass es uns allen nur helfen kann, einiges davon in unser Leben zu übernehmen, damit wir lange Spaß daran haben, weil wir degenerative Prozess so weit wie möglich zurückdrängen.

Fünf Tipps für körperliche und mentale Fitness im Alter

- *Achte auf gesunde, eiweißpriorisierte Ernährung.*
- *Halte dich an den Trainingsplan in Absprache mit einem Trainer.*
- *Beschäftige auch deinen Kopf: Bücher statt Social Media, ein Podcast statt Netflix.*
- *Regelmäßige Bewegung.*
- *Austausch mit anderen: Triff dich mit Freunden.*

Kapitel 4
Schritte zum besseren Ich

So startest du in ein gesünderes und zufriedeneres Leben

Wir haben jetzt eine ganze Reihe Themen angeschnitten, auf die man beim Start in ein besseres, gesünderes und glücklicheres Leben achten sollte. Aber wie gelingt einem der Start? Hier kann ein Blick in die Trainingswissenschaft helfen. Die meisten Menschen starten bei Veränderungen spontan. Sie ändern ihre Ernährungsgewohnheiten, gehen laufen, sie machen mal Yoga oder Core-Übungen vor dem Frühstück.

Das ist der erste richtige Schritt, aber eben nur der erste. Nun geht es darum, die Veränderung dauerhaft zu implementieren. 21 Tage dauert es, bis man sich eine neue Routine angewöhnt hat, nach 90 Tagen ist sie fester Bestandteil des Lebens geworden, egal ob es nun fünf Minuten Beweglichkeitstraining vor dem Frühstück, der Verzicht auf Zucker oder das Aufstehen um fünf Uhr morgens ist.

Hat man erst einmal ein funktionierendes, gesundes System geschaffen, ist ein Riesenschritt getan. Von da aus kann man in größeren, langfristigeren Dimensionen denken: Also: Wo will ich hin? Was kann ich realistisch schaffen? Wir hatten das Beispiel, wenn jemand ein Läufer sein will. Dann muss er erstmal loslegen, sich mit Gleichgesinnten treffen, sich einem Lauftreff anschließen. Wenn er das konsequent verfolgt, braucht er ordentliche Schuhe, er muss mehrere Male die Woche trainieren, optimalerweise begleitet er das mit Stabilitätsübungen, Krafttraining und einer gesunden Ernährung.

Wenn du dir also vornehmen solltest, eine Laufkarriere zu starten – und dafür ist es nie zu spät –, dann findest du in diesem Buch alles, was es braucht, um der beste Läufer zu werden, der in dir steckt. Irgendwann kann der Marathon als Ziel stehen. Oder sogar der Transalpine Run. Aber darum geht es gar nicht so sehr. Sondern darum, dass es der Lebensstil ist, der glücklich macht, das Festhalten an Routinen, das gute Gefühl in einem gesunden Körper.

Deshalb steht es jedem frei, sich ein anderes Ziel zu setzen. Einen bestimmten Körperfettanteil. Den Aufbau von Muskelmasse. Einen gesünderen Lebensstil mit regelmäßigen Mahlzeiten oder den kompletten Verzicht auf Alkohol, Industriezucker oder Ähnliches. Das muss aber alles mit der Realität abgeglichen werden. Denn nur wenn die Ziele auch zu den übrigen Lebensinhalten passen, werden sie sich dauerhaft umsetzen lassen.

Lass deinen Partner oder deine Familie an den gemeinsamen Zielen teilhaben, erkläre, was du vorhast und warum du das tust. Denn wenn sich die Familie ebenfalls zu dem langfristigen Ziel bekennt, kann man bestenfalls auf Unterstützung hoffen, wenigstens aber dürfte man die Klagen minimieren, wenn der Sport oder die Ernährungsumstellung die anderen Familienroutinen tangieren.

Wer es braucht, kann den Druck auch erhöhen und seine Ziele bei den Kollegen oder via Social Media kundtun. Anderen hilft, sich Freunde mit dem gleichen Ziel zu suchen, um sich gegenseitig zu motivieren. Auch hier bleibt die Erkenntnis: Es gibt nicht die Superpille, sondern es geht darum, die kleinen Dinge immer und immer wieder besser zu machen. Also fang einfach an, glaub an den Prozess, bleib am Ball. Halte nach ein paar Wochen kurz inne, schau, was du optimieren kannst. Es ist nicht einfach, es erfordert Disziplin, es wird auch niemand kommen, um dir die Arbeit abzunehmen – wer Veränderung will, muss sich selbst verändern.

Das Erfolgsgeheimnis des 5-Uhr-Clubs

Wer über zu wenig Zeit klagt, dem sei gesagt: In den ersten Stunden des Tages muss man niemanden fragen. Wer während des Tages keine

Zeit für sich findet – im Morgengrauen stört ihn keiner. Lange bevor das frühe Aufstehen mit dem Bestseller *Der 5-Uhr-Club* populär wurde, habe ich die Vorzüge des zeitigen Aufwachens für mich entdeckt. Ich liebe es, morgens in Ruhe meine Routinen durchgehen zu können und den Tag zu starten. Es bleibt ausreichend Zeit, sein Workout zu absolvieren, seinen morgendlichen Kaffee zu genießen, ein paar Seiten in einem Buch zu blättern. Es verschafft einem schon morgens eine Zeitinsel für mehr Resilienz, man kann sich den Tag strukturieren und noch bevor das Pausenbrot geschmiert werden muss oder die Arbeit wartet, die Dinge für sich machen, für die vielleicht später keine Zeit mehr bleibt.

Inzwischen haben viele Prominente die Vorzüge entdeckt, so sollen etwa Jennifer Aniston oder Heidi Klum inzwischen Frühaufsteher sein. Aber auch Champions wie der tragisch verunglückte Basketball-Superstar Kobe Bryant waren große Verfechter davon, schon früh mit der (Trainings-)Arbeit zu beginnen, um noch mehr Zeit zu haben, sich zu verbessern.

In den Morgenstunden hat man die meiste Energie und den besten Fokus, da man von nichts abgelenkt wird. Forscher empfehlen, die zusätzliche Stunde in drei Teile aufzuteilen: 20 Minuten Bewegung, 20 Minuten Reflexion und Zielsetzung, 20 Minuten wachsen durch geistigen Input wie einen guten Podcast, ein Buch oder Musik. Sie rennen bei mir offene Türen ein, denn ich liebe die Arbeit in den Morgenstunden schon seit Jahren. Es ist also ebenfalls eine Routine, die du dir aneignen kannst, um resilienter in den Tag zu starten.

Mehr Resilienz im Alltag

All die Dinge dienen genau einem Zweck: mehr Leistungsfähigkeit, mehr inneren Frieden zu erreichen. Körperliche Fitness ist eine Säule, gesunde Ernährung, ausreichend Erholung gehören dazu. Für das Mindset im Alltag gilt es an den sieben Säulen für mehr Resilienz zu arbeiten. In einer immer schnelllebigeren Welt ist es für ein glückliches Leben von entscheidender Bedeutung, dass wir in der Lage sind, uns an sich verändernde Bedingungen schnell anpassen zu können. Dabei hilft es, wenn man gelernt hat, sich immer wieder aus seiner Komfortzone zu holen.

Die Säulen der Resilienz sind:

1. Akzeptanz seiner Grenzen und Unveränderlichkeiten.
2. Optimismus: Vermeide Dinge, die dir nicht guttun, und blende Negatives aus.
3. Selbstwirksamkeit: Stärke deine eigenen Stärken und nutze sie. Erkenne aber auch deine Schwächen.
4. Verantwortung: Du bist für dein Leben verantwortlich, nimm die Zügel in die Hand.
5. Netzwerk: Schaffe dir ein stabiles soziales Umfeld, das dich auffängt, das ehrlich zu dir ist und dich weiterbringt.
6. Lösungsorientierung: Umschiffe Hindernisse, orientiere dich an dem, was geht – und nicht an dem, was nicht geht.
7. Zukunftsorientierung: Setze dir Ziele, gestalte deine Zukunft selbst.

Alle diese Punkte sind uns in diesem Buch schon einmal begegnet, sie sind in diesem Konzept nur noch einmal zusammengefasst. Mit der richtigen Zielsetzung, dem Entwickeln eigener Routinen, mit der Hilfe anderer Menschen wie einem Coach oder guten Freunden kannst du einen Schritt nach dem anderen zu einem besseren Ich machen.

Nachwort

Als mein Co-Autor mit der Idee von *Bessermachen* auf mich zukam, war mir schnell klar, dass wenn, dann jetzt der Moment war, dieses Buch zu schreiben. Denn mit der Bronzemedaille bei der Basketball-Europameisterschaft 2022, der Silbermedaille bei der Eishockey-WM in Finnland im Mai 2023 und dem Triumph und Gold bei der WM in Japan und den Philippinen hatte ich gleich dreimal Edelmetall und damit schwergewichtige Argumente auf meiner Seite.

Doch mir kam auch der Gedanke: Hätte ich weniger gute Arbeit abgeliefert, wenn wir in Berlin das Spiel um Platz 3 verloren hätten? Wäre ich ein schlechterer Athletikcoach, hätten wir in Tamepere und Manila nicht die Finals erreicht? Sicher nicht. Für dich, lieber Leser, mögen das also Argumente gewesen sein, mir zuzuhören, aber sie lassen keinen Schluss auf die Qualität meiner Arbeit zu.

Ein Stück weit – ich hatte dich bereits in der Einleitung gewarnt – muss ich dich enttäuschen: Erfolg ist nicht planbar. Das Tröstliche: Leistung schon.

Was ich meine: Wenn Deutschland Weltmeister im Basketball wird, dann geht eine tolle Mannschaft wie Serbien oder ein mit Stars gespicktes Team aus den USA als Verlierer nach Hause. Wenn Lionel Messi den WM-Pokal nach oben reckt, dann fliegen andere Superstars wie Kylian Mbappé oder Cristiano Ronaldo enttäuscht heim. Holen die Denver Nuggets den NBA-Pokal, werden Athleten wie LeBron James oder Giannis Antetokounmpo hinterfragt.

Haben sie deshalb schlechter gearbeitet? Sicher nicht. Gerade im Sport gibt es so viele Unwägbarkeiten: Verletzungen, Krankheiten, die Entscheidungen der Trainer, das Funktionieren des Teams, die Leistung des Schiedsrichters, die Tagesform. Und das nötige Glück und das Momentum, das ein ganz schön fieses Ding ist. Kaum glaubt man es auf seiner Seite, lässt es einen schon wieder sträflich im Stich.

Das ist im normalen Leben nicht anders. Viele Dinge passieren einem schlicht, ohne dass man etwas dafürkann. Aber man kann jene Dinge, die man beeinflussen kann, möglichst gut machen. Man kann sich selbst herausfordern, sich aus der Komfortzone holen und damit die eigene Leistung verbessern – und zumindest die Chance auf Erfolg vergrößern.

Das kannst du allein versuchen, oder du holst dir Hilfe bei einem Coach, also bei Menschen wie mir, dann wird es ein ganzes Stück einfacher. Ein (menschlicher) Coach kann dich besser machen, so wie ich es tagtäglich bei mir selbst und meinen Athleten versuche. Aber auch ich merke, wie die Sportler, die Unternehmer, die Medienpersönlichkeiten mich besser machen. Denn ich arbeite tagtäglich mit Menschen zusammen, die in dem, was sie tun, gut sind – die meisten sehr gut, manche sogar herausragend. Es ist die Kommunikation mit anderen Menschen, das Sammeln von Erfahrungen, das Nutzen dieser Eindrücke, die mich besser machen und die mir helfen, andere besser zu machen.

Ab einem gewissen Level sind es nur noch Nuancen, die einem helfen können. Warum holen sich Novak Djokovic oder Alexander Zverev den Wimbledonsieger Boris Becker als Trainer? Weil der einen Blick auf die kleinen Dinge hat, die selbst so großartige Spieler wie sie noch ein Stück nach vorne bringen können.

Ich habe in diesem Buch die grundlegenden Dinge aufgezeigt, die für eine sportliche Karriere genauso wichtig sind wie für eine performanceorientierte Lebensweise in einer modernen Gesellschaft. Mit einem gesunden Körper, regelmäßigem und ausreichendem Schlaf. Mit einer Ernährung, die sich vor allen Dingen auf echte Lebensmittel und proteinreiche Speisen konzentriert, auf den Verzicht von Drogen und Alkohol und den achtsamen Umgang mit Koffein.

Dazu kommt ein regelmäßiges Training, denn gerade Menschen mittleren Alters, vor allem jene, die große Teile der Arbeitszeit vor dem Rechner verbringen, brauchen frische Luft, Bewegung, aber auch Muskeltraining und Beweglichkeitsübungen, um ein langes, gesundes Leben zu führen.

Sportler und andere Leistungsträger der Gesellschaft drohen oft an dem hohen Druck, der auf ihnen lastet, zu zerbrechen. Sorge vor: Schaffe dir Rückzugsorte, schaffe ein gesundes Setting, ein Umfeld, in dem du dich wohlfühlst, und hole dir Hilfe von Fachleuten.

Denn ich bin überzeugt: Nur wer sich ein System schafft, in dem er ein gesundes und ausgefülltes Leben führen kann, der wird am Ende glücklich seine. Kein Sieg, kein Titel, keine Medaille kann das Gefühl ersetzen, wenn du in deinem Alltag zufrieden bist und trotzdem herausgefordert wirst – auf positive Weise.

Ein gewonnenes Finale ist wie die angestrebte Beförderung oder die ersehnte Gehaltserhöhung: Der Moment der Freude ist da, er ist echt, doch schon bald wird die Frage aufkommen: Was kommt als Nächstes?

Deshalb ist so ein Erfolg gut und schön. Die wahre Kunst ist, an diesem Punkt wieder in sein Setting zurückkehren zu können, den Müll rauszubringen, aufs Laufband zu steigen und sein Training zu absolvieren oder was auch immer ansteht. Der Weg ist das Ziel – und wer auf diesem Weg glücklich leben kann, der hat wahrlich Gold gewonnen.